읽으면서 힐링할 수 있는 책!

학부모의 힐링

학부모의 힐링

초판 1쇄 발행 2015년 12월 15일
초판 2쇄 발행 2018년 1월 31일
초판 3쇄 발행 2018년 4월 9일

지은이 김범영
펴낸이 장길수
펴낸곳 지식과감성#
출판등록 제2012-000081호

디자인 이현
편집 양보영, 임지은
교정 이인영, 이주영
마케팅 고은빛

주소 서울시 금천구 가산동 60-5 갑을그레이트밸리 B동 507호
전화 070-4651-3730~4
팩스 070-4325-7006
이메일 ksbookup@naver.com
홈페이지 www.knsbookup.com

ISBN 979-11-5528-939-6(03180)
값 10,000원

ⓒ 김범영 2015 Printed in Korea

잘못된 책은 구입하신 곳에서 바꾸어 드립니다.
이 책의 전부 또는 일부 내용을 재사용하려면 사전에 저작권자와 펴낸곳의 동의를 받아야 합니다.

이 도서의 국립중앙도서관 출판예정도서목록(CIP)은 서지정보유통지원시스템
홈페이지(http://seoji.nl.go.kr)와 국가자료공동목록시스템(http://www.nl.go.kr/kolisnet)에서
이용하실 수 있습니다. (CIP제어번호 : CIP2015033904)

홈페이지 바로가기

Reading and Healing ❶

원리를 알기만 하면 저절로 힐링되는 놀라운 경험

읽으면서 힐링할 수 있는 책!

김범영 지음

학부모의 힐링

지식과감정#

Reading and Healing을 내며

Reading and Healing은 "읽으면서 힐링할 수 있는 책"으로써 누구나 읽으면서 자연스럽게 자신의 스트레스와 상처를 힐링할 수 있도록 구성하였다. 이 시리즈는 오래전에 구상했고, 인간의 무의식을 정확히 해석하고 새롭게 심리이론으로 개발한 후 비로소 시리즈를 출간할 수 있게 되었다. Reading and Healing은 글을 읽고 이해할 수 있으면 누구나 쉽게 읽을 수 있도록 가능하면 전문용어를 사용하기 보다는 일상의 용어를 사용하였다. 심리라는 단어 자체가 너무 어렵다는 인식을 줄 수 있으나, 마음을 쉽게 해석하고 이해할 수 있도록 집필하였다.

여러분의 마음은 무의식의 작용으로 인하여 느끼기 때문에 스트레스와 상처를 힐링하기 위해서는 무의식이 작용하는 원리를 알기만 하면 저절로 힐링되는 놀라운 경험을 하게 된다. 이를 검증하는데 3년의 시간이 소요되었고, 이제야 Reading and Healing을 집필 할 수 있게 되었다.

지금까지의 힐링은 인지와 행동에 초점을 맞추고 있다. 그러나 인지와 행동의 힐링은 기분전환의 힐링일 뿐이다. 실제 감정치료의 힐링은 아니며, 감정치료가 필요한 분들이 기분전환의 힐링을 지속하면 심각한 마음의 문제가 발생하는 것을 알 수 있었다. 따라서 감정치료의 힐링은 마음의 기준을 정확히 알고, 무의식의 작용을 체계적으로 알지 못하면 어렵고 힘들다. 이에 따라 Reading and Healing은 의식과 무의식이 작용하는 마음과 심리의 원리를 이해하면서 독자 스스로 어렵지 않게 감정치료의 힐링을 할 수 있도록 집필하였다.

스트레스와 상처를 힐링하기 위한 많은 도서, 강연, 강의, 교육이 대부분 감정치료의 힐링이 아니라 기분전환의 힐링으로 작용하면서 심리문제를 더욱 심화하면서 힐링이 아닌 킬링(Killing)으로 작용하고 있었다. 그래서 저자는 킬링이 아니라 힐링을 할 수 있는 책이 필요하다고 늘 생각했다.

독자께서 오래도록 곁에 두고 읽으면서 자연스럽고 편하게 힐링할 수 있는 책을 쓰기 위하여 그 동안 저자의 강연과 강의, 도서 및 칼럼 등을 기초로 무의식의 원리를 알려드림으로써 책을 읽으면서 힐링할 수 있도록 책을 집필할 수 있었다.

저자는 학력, 전공, 지식 등이 전문가나 학자들보다 훨씬 못하다. 또한 유명하지도 않다. 그러나 새로운 심리이론과 심리치료기법과 심리치료교육을 개발했고, 상담을 할 때 적용하여 검증을 하였다. 지금까지 "본능심리이론"과 "심리유전자"라는 심리이론서를 출간하였다. 또한 심리장애의 치료를 위한 상담을 할 때 비용, 노력, 시간이 많이 소요되는 단점을 극복하기 위하여 심리치료교육을 완성하였다. 심리교육만으로 심리치료를 할 수 있는 놀라운 성과는 지난 3년간 검증하였다.

또한 저자는 이번 Reading and Healing을 집필하면서 남녀노소, 학력, 전공, 경제력 등을 불문하고 10대부터 80대에 이르기까지 누구나 참여하여 마음과 심리에 대하여 토론할 수 있는 "심리포럼"을 개설하였다. 이 심리포럼은 다양한 분야의 마음과 심리에 대하여 여러분과 함께 토론하면서 마음을 힐링할 수 있도록 하고 있다. 앞으로 다양한 분야, 직업, 직종, 업무, 심리장애, 심리문제 등의 스트레스와 상처에 대하여 "읽으면서 힐링할 수 있는 책"인 Reading and Healing 을 지속적으로 집필할 예정이다.

심리포럼

심리포럼은 "국민을 대상으로 하는 심리계몽운동"이다. 심리포럼은 인간의 마음과 심리가 작용되는 원리를 정확하게 분석하고 토론함으로써 지금까지 왜곡되고 잘못된 마음과 심리의 개념을 올바르게 하는 "대국민 토론 모임"이다. 또한 심리포럼은 "심리와 마음을 주제로 하는 모든 분야에서 인간의 마음이 작용하는 과정과 결과에 대하여 토론할 수 있는 모임"이다.

스트레스와 상처가 지속되고, 심리와 마음에 대한 문제와 어려움은 계속 확대되고 있다. 그 와중에 이를 치료해야 할, 기존 심리이론과 상담기법의 효용성에 대한 문제제기가 지속되고 있다. 또한 정신의학과 다양한 마음의 강연, 도서, 교육, 전문가, 자격증 등은 더 이상 효과를 기대할 수 없을 만큼 심각한 정체위기를 겪고 있다. 이에 따라 심리포럼은 마음과 심리에 대한 비과학적·비심리학적·비의학적 연구와 임상을 걸쳐 새로운 마음의 원리를 발견하였고, 이 원리가 학문의 전 분야, 이슈, 주제, 사회… 등 인간의 마음과 관련한 전 분야에 똑같이 작용하고 있다는 것을 알게 되었다. 특히 무의식의 개념을 새롭게 하고, 마음의 근원을 발견하면서 사람과 인간의 마음을 해석할 수 있게 되고, 그 해석의 근거 또한 정확히 알 수 있게 되었다. 이를 기초로 인간이면 누구나 심리와 마음을 가지고 있고, 행복추구와 자아실현의 욕구로 살아가는 것을 규명할 수 있었다.

지금까지 마음과 심리의 분야는 전문가(학자, 심리전문가, 종교인, 마음연구자…)의 지식에 의존하였다. 그래서 인간의 사회생활 전 분야에 걸쳐 비약적인 발전을 해 왔지만, 마음과 심리는 더욱 심각한 문제로 확대되고 있다. 분명 학자, 종교인, 의학자 등에 의하여 많은 부분이 발전하였지만 사회문제를 넘어 인간의 마음과 심리는 더욱 심각한 문제가 발생하고 있는 상황이 된 것은 부인할 수 없다. 결국 전문가들의 지식에 의존되어 온 사람과 인간의 마음과 심리는 심각한 위기를 겪고 있다고 볼 수 있다.

마음과 심리는 특정 전문가의 지식에 의존하면 안 된다. 마음과 심리는 바로 여러분 자신의 기억과 생각이다. 전 세계 모든 사람들의 마음을 지식으로 해석하고 알 수 있는 것은 사실 불가능한데 왜 지식에 의존해야 하는가?

심리포럼은 누구나 조건의 제약 없이 마음과 심리에 대하여 토론할 수 있도록 함으로써 사람과 인간으로 살아가면서 발생하는 다양한 문제와 어려움을 해결하도록 하고, 자아실현을 추구하면서 행복하게 살아갈 수 있도록 하는 획기적인 개방형 토론모임이라 할 수 있다.

나는 누구인가? 나는 왜 살고 있는가? 내가 사는 이유와 목적은 무엇인가? 이를 비롯하여 일을 하는 이유, 성공의 욕구, 행복, 사랑, 열정, 성… 등에 대한 명쾌한 진리를 쉽게 알 수 있다. 인간으로 사는 모든 사람들은 죽는 날까지 자신의 심리와 마음에 대하여 스스로 전문가이고, 철학자이며, 가치를 지닌 존엄한 존재이다. 따라서 심리와 마음은 더 이상 특정한 전문가, 학자, 종교인… 등의 전유물이 아니다. 인간으로 살아가는 모든 사람들은 누구나 자신의 행복추구와 자아실현의 권리를 갖고 있다.

심리와 마음의 최고 전문가는 바로 여러분 자신이다. 이제 심리포럼을 통하여 심리와 마음의 전문가가 되어 자신의 행복추구와 자아실현의 권리를 누리기 바란다.

다음카페 : "심리포럼"
다음주소 : http://cafe.daum.net/mindforum
이메일 : mindforum@daum.net

저자의 말

저자는 현재 심리장애를 치료하는 상담을 하고 있다. 마음의 문제로 인하여 일상생활에 어려움과 고통을 겪는 분들이 다시 행복한 마음으로 살아갈 수 있도록 도움을 드리는 상담을 한다. 특히 저자는 중증 우울증, 외상 후 스트레스 장애, 성격장애, 망상장애, 중독증과 같이 심각한 중증 심리장애를 주로 상담하고 있다. 가벼운 심리문제나 심리장애는 다른 상담실에서도 충분히 해결할 수 있겠지만, 중증 심리장애는 인간의 마음과 심리를 정확히 알지 못하면 치료가 되지 않기 때문에 큰 어려움을 겪는다. 또한 이러한 중증 심리장애를 치료하는 전문가가 그리 많지 않기 때문에 심리치료를 하고자 해도 쉽지 않은 것이 현실이다. 그래서 중증 심리장애를 앓고 있는 많은 분들이 종교와 무속에 의지하여 겨우 살아가거나, 약물에 의존하여 살아가는 경우가 많다. 이들은 심리치료가 불가능하다고 지레짐작으로 포기한 채 고통 속에서 살아가는 경우가 많다.

저자는 외도와 불륜, 갑작스러운 사별, 성폭력 피해 등으로 발생하는 "외상 후 스트레스 장애"부터 다양한 심리장애를 치료하는 상담을 하고 있고, 특히 청소년들의 심리장애에 대해서는 더욱 세밀한 심리치료의 상담을 하고 있다.

이 책은 초등학교 학부모를 대상으로 하는 강의를 기초로 하여 새롭게 개발한 심리이론의 일부분을 소개함으로써 학부모들이 이 책을 읽으면서 자연스럽게 스트레스와 상처를 힐링할 수 있도록 집필하였다.

이 책은 지금까지 여러분께서 힐링과 관련한 다양한 도서, 교육, 강연, 인터넷 정보 등을 통하여 알게 된 내용과는 많이 다를 것이며, 여러분이 항상 말과 행동과 표정으로 표현하면서도 전혀 느끼지 못했던 무의식과 인간의 마음과 심리가 작용하는 원리를 알 수 있도록 하였다.

저자는 심리치료교육의 내용 중에서 학부모에게 꼭 필요한 몇 가지의 원리를 설명함으로써 학부모의 스트레스와 상처에 대한 힐링의 방법을 개발하였고, 이를 초등학교 학부모를 대상으로 강의하면서 검증할 수 있었다.

이 책이 출간되기까지 본능심리이론과 심리유전자이론을 근거로 한 "무의식 심리치료기법"을 통해 심리치료상담을 하고 있는 ㈜행복연구소, "무의식 심리교육기법"을 통해 심리치료교육을 하고 있는 ㈜마인드테라피, 그리고 한국마인드테라피협회 등의 본사와 지사의 임직원들에게 감사를 드린다. 또한, 언제나 저자의 심리연구를 성원

해 주시는 옥수초등학교 고영규 교장선생님, 노량진초등학교 문덕심 교장선생님, 고려대학교 김원섭 교수님, 배재대학교 유진숙 교수님, 그 외 많은 분들께 감사드리며, 이 책이 출간될 수 있도록 강연과 강의에 대한 녹취록을 작성해 주신 박비현님, 학부모의 입장에서 집필에 참여해 주신 김미경님, 이미경님, 이현우님 그리고 교육기법을 개발하고자 노력하고 있는 강채영 선생님에게 감사의 말씀을 드린다. 끝으로 사랑하는 나의 가족과 심리포럼에 참여하시는 회원님들의 많은 조언과 격려에 감사드린다.

2015년 11월 18일
저자 김범영

이 책의 목차

Reading and Healing을 내며 / 5
심리포럼 / 8
저자의 말 / 11

Ⅰ 학부모의 힐링

1. 힐링(Healing)과 킬링(killing) / 18
   1) 남자와 여자 / 21
   2) 여러분은 어떠셨나요? / 23

2. 인간의 마음 / 28

3. 심리의 작용 / 33

4. 감정대립과 스트레스 / 48
   1) 대화심리의 차이 / 53
   2) 감정기억의 차이 / 60
   3) 심리작용의 차이 / 74

5. 남자의 스트레스와 힐링 / 96

6. 여자의 상처와 힐링 / 107

Ⅱ 인생과 행복

1. 연애와 결혼의 심리 / 120
   1) 연애의 심리 / 120
   2) 결혼 후 심리 / 124
   3) 사랑과 열정의 변화 / 129

2. 인간의 인생 / 132
   1) 편안한 인생 / 132
   2) 즐거운 인생 / 137
   3) 행복한 인생 / 141

3. 행복의 심리 / 146
   1) 기혼여성의 행복 / 156
   2) 미혼여성의 행복 / 160
   3) 이혼여성의 행복 / 162
   4) 사별여성의 행복 / 166
   5) 남자의 행복 / 168
   6) 남자의 사랑 / 171
   7) 부부행복 / 175

4. 몸과 마음 / 178
   1) 사람과 인간의 차이 / 181
   2) 마음과 심리의 차이 / 184

5. 스트레스와 상처 / 187
   1) 마음의 차이 / 187
   2) 마음의 상처 / 190
   3) 상처와 핵복의 공존 / 194
   4) 스트레스와 행복 / 197
   5) 좋은 감정 만들기 / 200
   6) 나쁜 감정 만들기 / 203

Reading and Healing "읽으면서 힐링할 수 있는 책!"

I

학부모의 힐링

1
힐링(Healing)과 킬링(Killing)

저자가 처음 학부모를 대상으로 하는 강의를 의뢰받았을 때, 과연 학부모님들에게 무엇을 강의하는 것이 좋을지 생각해 보았다. 강의를 준비하면서 아무래도 학부모님이기 때문에 자녀들, 배우자, 그리고 학부모님 자신에 대한 스트레스와 상처가 많을 것이기에 강의를 통하여 울고 웃을 문제가 아니라고 생각했다. 어떻게 하면 제한된 시간에 학부모님의 스트레스와 상처를 해결할 수 있는 방법을 알려 드릴 수 있을까를 연구하여 강의계획을 만들었다. 지금부터 여러분에게 킬링(Killing)이 아니라 힐링(Healing)을 하는 원리와 방법을 이야기해 보려고 한다.

여러분은 스트레스와 상처에 대하여 힐링을 잘하고 있는지 생각해 보기 바란다. 혹시 여러분이 킬링을 하면서도 힐링을 하고 있다고 확신하는 것은 아닌가. 일시적인 기분전환을 위한 힐링과 지속되는 좋지 않은 감정을 치료하기 위한 힐링은 전혀 다르다. 기분전환을 해야 하는데 감정치료를 하는 것은 힐링이 아니라 킬링이 될 수 있고, 감정치료를 해야 하는데 기분전환을 하는 것은 힐링이 아니라 킬링이 된다. 이 사실을 알고 있는 전문가와 학자와 강의 및 교육을 하는 분은 현재 거의 없다. TV에 자주 나오시는 분들도 이 사실을 모르고 있다.

힐링을 위한 강연, 교육, 방송, 상담, 유명인의 연설, 도서 등은 대부분 기분전환의 힐링이라 할 수 있다. 지금까지 저자가 많은 분들의 힐링방법을 연구해 보았을 때, 아직까지 감정치료를 위한 힐링은 없었고 기분전환을 위한 힐링만 있었다. 물론 저자가 아직 분석하지 못한 힐링방법이 있을 수도 있지만, 지금까지는 그랬다. 이 기분전환의 힐링은 사람들에게 매우 심각한 마음의 문제를 만들게 된다는 것을 아무도 알지 못하고 있다. 기분전환의 힐링은 감정치료를 필요로 하는 사람에게는 킬링이 된다는 사실을 알아야 한다. 감정치료가 필요한 사람이 지속적으로 기분전환의 힐링을 보고 듣고 이해하게 되면, 마음과 심리가 파괴되면서 심각한 고통과 위기를 겪게 되거나 정반대의 현상으로 즐거움과 쾌락을 추구하게 된다. 결국은 마음과 심리를 힐링하는 것이 아니라 킬링하는 것이다. 이와 같은 현상은 인간의 마음에서 작용하고 있는 무의식을 정확히 알지 못한 채 그저 힐링이라면 다 좋은 것으로 알고 많은 사람들에게 대단한 것처럼 알려주고 있는 무지몽매한 전문가들 때문에 발생한다.

많은 전문가들이 훌륭한 말씀, 멋진 명언과 격언, 재미있고 즐겁고 좋은 말씀 등으로 힐링을 할 수 있도록 강연, 강의, 교육, 연설을 하고 있는데, 듣기에는 좋고 훌륭해 보이지만 이것은 최악이 될 수 있다. '좋은 것이 좋은 것만은 아니다'는 말은 누구나 알고 있지만, 이를 잘 구별하지 못하면 심각한 심리문제가 발생한다는 것은 잘 알지 못한다.

전문가들은 자신이 말하는 내용이 힐링하는지, 킬링하는지 알지 못한 채 모든 사람들을 힐링시켜 줄 것이라고 확신하면서 강연, 강의, 연설, 교육 등을 하는 것은 안타까운 일이다. 또한 이들을 통하여 보고 듣게 되는 것이 자신을 힐링하는지 킬링하는지 모른 채 더 큰 어려움이나 고통을 겪게 되거나 또는 즐거움만 추구하는 쾌락주의가 되어가는 많은 사람들이 있다. 이는 더욱 안타까운 사실이다. 강연이나 강의를 하는 사람이 무의식을 정확히 모른 채 강의하면 안 된다. 모르면서도 아는 체하고 자신의 지식만으로 확신하면서 다른 많은 사람들에게 자만심과 우월감을 갖고 전파하는 전문가들의 이야기는 기분전환의 힐링이 될 수 있을지 모르나 감정치료에는 킬링임을 알아야 한다.

지금까지 여러분들은 TV 프로그램 "힐링캠프"부터 다른 여러 힐링에 관련된 강연, 강의, 교육 등을 많이 들어 보았을 것이다. 그러나 이 책의 내용은 여러분이 지금까지 들었던 내용과는 조금 다르다. 일반인들이 읽기에 조금 지루할지는 몰라도 여러분이 살면서 스트레스와 상처로 형성된 감정을 치료하는 데 많은 힐링이 될 것이다.

지금부터 설명하는 그림과 관련된 내용들은 지금까지 전문가를 비롯하여 다른 사람들에게 공개되지 않았고 심리치료에서 사용하던 것이다. 책을 읽으면서, 그동안 공부 또는 들었던 사실과 연계하여 저자가 개발한 심리이론과 무의식 심리치료기법과 심리치료교육 중에 일부를 비교하면서 본질을 알게 될 것이다. 이는 아직 여러분에게 다소 생소하게 느껴질 수도 있다. 그러나 여러분은 이미 모두 일상생활에서 늘 말과 행동과 표정으로 표현하면서 살고 있기 때문에 그동안 무엇을 모른 채 살았는지 알게 되면서 재미있게 읽을 수 있을 것이다.

1) 남자와 여자

여러분 중에 사람 또는 인간이 아닌 분이 있는가? 여러분 중에 사람 또는 인간이 아니면 이 책을 읽지 않아도 된다. 어차피 사람과 인간이 아니리면 아무리 이 책을 읽어도 소용이 없을 것이다. 여러분 모두가 사람 또는 인간일 것이라 생각하고 이제부터 사람과 인간의 이야기부터 시작해 보겠다.

사람과 인간은 남자와 여자로 구분된다. 이 사실은 누구나 다 알고 있다. 심지어 어린 아이들조차도 알고 있는 사실이다. 그런데 자기가 남자인지 여자인지 생각을 전혀 하지 않고 살아가는 경우가 매우 많다. 의아할 것이다.

그럼 여러분에게 질문을 해 보겠다.

"여러분들은 여잔가요?"이러한 질문에 여러분은 선뜻 대답을 하지 못한다. 많은 학부모님들이 여자가 맞을 것인데, 왜 선뜻 대답을 하지 못하는 것인가?

이처럼 여러분은 자기 스스로가 여자인지 남자인지를 생각하지 못한 채 살고 있다. 또한 여러분의 자녀들이 아들인지 딸인지를 생각하지 않는다. 이렇게 이야기하면 조금은 이상하게 느껴질 것이다. '나는 분명 아들과 딸을 구분하는데…'라고 생각할 것이다. 이는 결국 외형이나 신체를 보면서 여자와 남자, 그리고 여러분의 자녀들을 아들과 딸로 구별한다는 것이다.

그러나 신체와 외형으로는 남자와 여자를 구별했지만, 마음과 심리가 남자와 여자로 구별이 된다는 것은 생각하지도 못하고 알지 못하고 있다. 그렇다고 마음과 심리가 남자와 여자로 구분된다는 것을 처음 듣지는 않았을 것이다. 여러분도 남자와 여자의 마음이 다르다는 것은 알고 있지만, 구체적으로 무엇이 어떻게 다른지, 어떤 원리에 의하여 다른지는 모르고 있다. 여러분들뿐만 아니라 전문가들도 잘 모르고 있다.

이와 같이 대부분의 사람들은 신체와 외형으로 남자와 여자를 잘 구별하지만, 마음과 심리로는 남자와 여자를 잘 구별하지 못하고 잘 알지 못하기 때문에 상대가 이해되지 않고, 이로 인하여 스트레스와 상처가 발생한다. 이때, 남자와 여자의 마음과 심리를 알아야만 스트레스와 상처를 힐링할 수 있다.

2) 여러분은 어떠셨나요?

자녀들이 태어날 때 모두가 기뻤을 것이다. 소중한 자녀들을 애지중지 키우는 동안, 여러분의 말과 행동과 표정 하나 하나에 자녀들이 따라하고 반응하는 모습들을 떠올려 보자. 귀엽고 예쁘고 사랑스러울 것이다. 그런 자녀들을 보면서 여러분은 그때 무슨 생각을 하였을까? 아마도 "공부를 좀 못하면 어때. 건강하게 잘 자라 달라."는 생각 또는 말을 했을 것이다. 대부분의 학부모라면 당연하다.

아이들은 태어나서 여러분의 보살핌 속에서 건강하게 성장하는데, 태어났을 때는 마음이 형성되지 않아서 엄마와 아빠의 말과 행동과 표정을 그대로 따라하고 반응하면서 인식하고 표현하는 방법을 배운다. 이렇게 성장하는 과정에서 4~5살이 되면 아이들도 조금씩 생각하게 되면서 스스로 인식하고 표현할 줄 알게 되고, 마음을 형성하기 위하여 이것저것에 호기심을 가진다. 그러면서 엄마와 아빠의 말과 행동과 표정에 무조건 반응하는 것이 아니라 자신의 생각대로 하려고 하고, 어떤 경우에는 부모님의 말과 반대로 하는 경우도 종종 생긴다. 즉 여러분의 말을 잘 듣지 않는다. 그럴 때, 부모의 입장에서는 아이들에게 섭섭함이 많아지고 잔소리도 늘어나고 아이들과 전쟁을 치르면서 살게 된다. 여러분은 아이들의 마음이 어떤 과정으로 형성되고 건강하게 성장하는지 알지 못하기 때문에 여러분의 생각과 마음에 의하여 자신도 모르는 사이 아이들에게 여러분의 생각과 마음을 강요하게 된다.

그래도 아이들이 여러분의 말을 일부분은 듣기 때문에 앞으로도 잘 따를 것이라 생각하면서 아이들이 잘 성장할 수 있도록 공부도 가르치고, 아이들이 공부하면서 얻은 성과와 반응을 보면서 기쁨을 느낀다. 이렇게 점점 아이들이 성장해 가면서 아이들이 여러분이 원했던 것보다 공부를 잘하지 못하거나, 공부에 흥미를 잃고 노는 것을 좋아하고, 여러분이 하지 말라는 것을 하기도 하면서 아이들은 여러분이 원하고 뜻하는 것에 어긋나기 시작한다. 그러면 여러분은 상심하고 힘들어 하면서 스트레스를 받고 상처를 입게 된다. 이때 여러분은 자신에게 왜 스트레스가 생기고 상처가 생기는지 정확히 알고 있는가? 바로 여러분이 생각하고 원했던 것을 아이들이 따라주지 않기 때문이다.

그런데 여러분이 알아야 하는 것이 있다. 바로 여러분도 여러분의 자녀들과 같은 시절이 있었다는 것이다. 여러분이 자녀들과 같은 또

래였을 때는 어떠하였는가? 여러분도 부모님의 말씀을 잘 듣고, 착하고, 열심히 공부하면서 성장했다고 생각하는가? 여러분은 부모님의 말씀을 잘 따르면서 호기심도 없고, 장난도 치지 않고, 친구들과 싸우지도 않고 성장했는가? 오롯이 부모님과 선생님의 말씀을 잘 따르면서 일명 '착한 아이'로 살았는지 가슴에 손을 얹고 생각해 보아야 한다. 솔직히 그렇다고 말할 수는 없을 것이다. 물론 부모님이나 선생님의 말씀을 잘 따르면서 착하게 잘 성장하고 잘 살았을 수도 있다.

여러분이 부모님이나 선생님의 말씀을 잘 따랐든, 잘 따르지 않았든 상관없이 여러분은 현재 아이들의 엄마로, 학부모로서 존재하는 것임을 알아야 한다. 여러분은 아이들이 현재 여러분과 같은 모습으로 살기를 원하는가? 아마도 그렇지 않을 것이다. 여러분의 모습으로 사는 것보다는 훨씬 더 나은 모습으로 이 세상을 살기를 바랄 것이다. 그럼에도 불구하고 여러분의 부모님과 선생님이 그랬듯이 아이들에게 여러분의 생각과 뜻에 따르라고 강요하고 있는 것은 아닌지 생각해야 한다.

아이들은 이제 고작 10년 내외를 살며 얻은 경험과 기억을 가진 마음이 형성되어 있다. 그래서 자신의 행복과 자아실현을 위해, 다양한 정보와 지식을 마음으로 계속 받아들이며, 호기심을 갖고 무엇이든 열심히 배우려고 하고 있다는 것을 알아야 한다. 이때 아이들은 부모님과 선생님의 말을 잘 듣지 않고, 장난치고 싸우기도 하고, 자기 뜻대로 하려는 성향이 보이기도 한다. 그러나 여러분은 최소한 자녀들보다 20년 이상을 더 살아온 경험과 기억의 마음을 갖고 있다. 그렇기 때문에 자녀들이 무엇을 어떻게 하면 좋은지 알고 있다. 그래서 아이들에게 좋은 것을 가르쳐 주려고 하는 것이다.

그러면 다시 생각해 볼 필요가 있다. 여러분의 어린 시절은 어떠하였는가? 또한 현재 여러분은 여러분의 부모님이 하는 말씀에 대해 어떻게 생각하고 있는가? 여러분의 부모님은 여러분보다는 최소한 20년 이상은 더 살았고, 더 많은 경험과 기억을 갖고 있기 때문에 여전히 여러분에게 잔소리하고 좋은 것을 가르쳐 주려고 하는 것임을 알아야 한다.

여러분의 부모님이 그랬듯이 여러분도 아이들에게 똑같다. 그것이 바로 부모님의 마음이다. 다만 여러분이 아이들과 같았던 시절의 경험과 기억을 생각하지 못한 채 여러분이 생각해 볼 때 아이들이 앞으로 잘 성장하고 잘 살아가려면 어떻게 하면 좋겠다는 뜻으로 아이들의 마음을 제한하고 통제하고 강압하는 것임을 알아야 한다. 여러분의 부모님이 그랬듯이, 여러분도 똑같이 반복하는 것이다.

물론 부모님의 세대보다, 여러분이 살아가는 사회는 더욱 복잡하고, 아이들이 살아가는 사회는 여러분의 세대보다 더욱 경쟁하고 치열하게 살아가야 하므로 더욱 여러분의 뜻과 생각이 중요하다는 것은 잘 알고 있다. 그러나 마음과 심리는 사회와는 전혀 상관없이 오롯이 자녀들 자신에게만 형성되는 것이기 때문에 여러분의 부모님, 여러분, 여러분의 아이들 모두가 오롯이 자신의 마음을 만들고 행복과 불행을 선택하면서 살게 된다. 사회적 지위, 경제력, 학력, 직업 등과는 관계없이 몸과 마음을 건강하게 살아가도록 하는 것이 바로 부모님의 역할인 것임을 알아야 한다.

부모로서 아이들이 사회적 지위, 경제력, 학력, 직업 등이 좋아지면 아이들의 몸과 마음이 건강해지고 행복해질 것이라고 생각하면서 아이들의 마음을 억압하고 강요한다. 여러분의 부모님이 여러분에게 그랬듯이, 여러분이 아이들에게 그렇게 하고 있다. 그래서 갈등은 대물림될 수밖에 없는 것이다.

여러분의 생각만을 기준으로 해야만 아이들이 건강한 마음을 갖고 살 것이라고 생각하면서 아이들의 마음을 이해하지 못하고, 자신의 생각만을 기준으로 해야만 아이들이 건강한 마음을 갖고 살 것이라고 생각하면서 아이들의 마음을 이해하지 못하기 때문에 마음의 갈등이 생긴다. 자신을 중심으로 아이들, 그리고 부모님을 생각해 보기 바란다. 마음은 모두가 똑같이 작용하고 있다.

2
인간의 마음

대부분의 사람들은 인간의 마음이 의식과 무의식으로 구분된다는 것을 잘 알고 있다. 여러분도 자녀들과 관련된 마음이나 심리에 대하여 궁금한 것이 많았을 것이고 지금도 마찬가지일 것이다. 또한 마음과 심리에 대하여 공부하신 분, 공부를 하고 있는 분, 더 나아가 심리학을 전공하는 분, 심리의 전문가인 분도 계실 것이다.

이처럼 여러분도 잘 알고 있듯이 인간의 마음은 의식과 무의식으로 구성되어 있다. 이때 무의식에 대해서는 기존의 심리이론에서 말하는 무의식과 새로운 개념으로 발견하여 정립한 무의식의 개념이 다르다. 그렇다고 기존의 심리이론이 틀리다는 것이 아니다. 새롭게 개발한 본능심리이론과 심리유전자이론에서는 마음과 심리의 근본인 무의식의 개념을 새롭게 정리하였는데, 심리이론에 대해서는 구체적으로 설명하지는 않겠다. 다만 새로운 무의식은 기존 심리이론에서 나오는 무의식이 아니라는 것만 알면 된다.

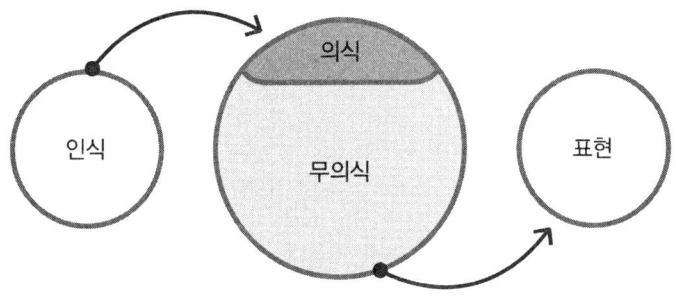

　지금부터 말씀드리는 무의식은 기존의 무의식과는 전혀 다른 개념이라고 생각하면 된다. 무의식은 의식인 생각에서 느껴지도록 하는 에너지의 작용이다. 그래서 무의식은 존재하지도 느껴지지도 않는다. 이때 무의식에 의하여 작용하는 의식은 살아오면서 지금까지 경험해 왔던 자기의 경험, 지식 그리고 보고 듣고 느끼면서 자신의 뇌에 기억된 것과 함께 현재 다섯 개의 감각기관으로부터 받아들여 인식하는 것을 통합하여 자각되고 느껴지는 것이다. 그래서 무의식이 작용하면 의식도 함께 작용하면서 생각으로 자각되어 느끼거나 신체로 느끼게 된다. 즉 무의식은 의식에서 느낄 수 있도록 작용하는 에너지라고 할 수 있다. 이때 부의식은 의식인 생각으로만 느껴지도록 하는 것이 아니라 동시에 외부로 마음을 표현하도록 한다. 그래서 사람과 인간이 외부의 정보를 인식하는 것과 마음을 표현하는 것이 다르다.

여러분은 외부의 정보를 인식하는 것과 외부로 마음을 표현하는 것이 다르다는 것을 생각해 본 적이 없을 것이다. 사람은 생각으로 받아들여야 공부도 하고, 경험도 하고, 인식하면서 생각으로 느낄 수 있다. 외부로부터 받아들이는 것을 인식한다고 하는데, 이렇게 인식된 것은 생각으로 들어오게 되면서 느낄 수 있다.

여러분도, 부모님도, 아이들도, 남편도, 선생님도 모두 사람이면서 인간이다. 인간이라면 누구나 외부의 정보를 인식할 때 다섯 개의 감각기관을 통해서만 인식한다. 그래서 인간의 신체인 몸의 외형은 외부의 정보를 마음으로 받아들일 수 있도록 다섯 개의 감각기관으로 구성되어 있다. 외부의 모든 정보는 다섯 개의 감각기관을 통해서만 마음으로 들어온다. 이 외부의 정보를 마음으로 받아들일 때, 의식에서 받아들여서 생각으로 자각하고 느낀 후 기억할 건 하고 버릴 건 버리는 것이 인간이다. 참고로 인식은 의식이 아니다. 인식은 외부정보를 생각으로 받아들이는 것이고, 의식은 생각으로 느끼는 것을 말한다.

그런데 마음을 외부로 표현하는 것은 다르다. 여러분은 의식으로 생각한 후에 마음을 외부로 표현하는 것이 얼마나 된다고 생각하는가? 외부의 정보를 마음으로 받아들이는 것은 다섯 개 감각기관을 통해서 받아들이는데, 마음을 외부로 표현하는 것은 말과 행동과 표정 등 세 가지 외에는 없다. 말과 행동과 표정으로 마음을 외부로 표현하게 될 때 무의식이 작용한다. 마음을 외부로 표현할 때는 의식인 생각이 거의 작용하지 않는다.

외부의 정보를 마음으로 받아들일 때는 의식인 생각이 작용하지만, 마음을 외부로 표현할 때는 무의식이 작용한다는 말은 여러분이 지금까지 단 한 번도 생각해 본 적이 없었을 것이고 들어 본 적도 없을 것이다.

여러분이 일상생활을 하면서 한번 살펴보면 쉽다. 여러분의 자녀들, 배우자, 부모님, 친한 친구들 그리고 자기 자신을 한번 살펴보기 바란다. 생각하고 의도하고 행동하는 것, 생각하고 의도하면서 표정을 짓는 것, 생각하고 의도하면서 말을 하는 것이 과연 얼마나 되는지 살펴보길 바란다. 매우 놀라운 현상을 볼 수 있을 것이다. 외부의 정보를 인식할 때는 의식인 생각이 작용하고, 마음을 표현할 때는 무의식의 말과 행동과 표정으로 표현하면서 인간의 인식과 표현이 얼마나 다른지 알게 될 것이다.

어떤 분은 이야기한다. "선생님, 저는 인간인가 봐요. 왜? 철저하게 무의식으로 표현하거든요. 아무 생각 없이 표현하고 있어요. 아들이 학교에 갈 때, 학교를 갔다가 돌아왔을 때, 저도 모르게 아들에게 툭하고 이야기를 하는데, 저는 '아들이 학교 갔다 왔으니깐 내가 요렇게 이야기하면 아들이 엄마를 굉장히 좋아할 거고, 그러면 가서 공부하게 될 거고…'와 같이 생각하고 이야기를 한 경우가 거의 없어요."

여러분은 어떤지 생각해 보기 바란다. 여러분이 말과 행동과 표정으로 표현할 때, 먼저 생각하고 의도하고 계산하고 하지는 않을 것이다. 여러분 자기도 모르게 그냥 말과 행동과 표정으로 표현하는 경우가 태반일 것이다. 이는 바로 무의식에 의하여 마음을 표현하기 때문이다.

결국 외부의 정보를 받아들여 인식을 하는 것은 의식인 생각이 작용하지만, 마음을 외부로 표현할 때는 무의식이 작용한다. 이는 인간의 위대한 능력이기도 하지만 인간관계에서의 문제와 갈등의 원인이 되어 스트레스와 상처가 발생하게 된다. 인식과 표현을 의식과 무의식으로 따로 작용한다는 것이 인간의 가장 큰 매력이면서 가장 큰 장점이고 가장 큰 능력이다. 물론 이로 인하여 가장 큰 오류를 갖게 되면서 오해와 갈등이 발생하기도 한다.

3
심리의 작용

　인간의 인식은 신체의 다섯 개 감각기관을 통해서 외부의 정보를 받아들인 후, 생각이 외부의 정보와 감정을 결합하면서 인식하는데 이를 의식이 작용한다고 한다. 또한 마음을 외부로 표현할 때는 말과 행동과 표정을 통하여 표현하는데, 말과 행동과 표정 이외의 표현방법은 없다. 이때 생각이 작용하면서 의도적으로 표현하는 것은 불과 10% 미만으로 생각으로 의식하는 한 가지만 말과 행동과 표정으로 표현할 뿐 그 외 나머지 90% 이상의 대부분은 무의식이 작용한다. 따라서 마음의 표현은 대부분 무의식이 작용한다. 이와 같이 말과 행동과 표정으로 마음을 외부로 표현할 때는 무의식이 작용하고, 외부의 정보를 마음으로 받아들일 때는, 생각인 의식이 작용한다.
　그래서 인간은 인식과 표현의 오류가 생기고, 사람과 사람의 마음이 서로 작용할 때 오류가 발생한다. 이때 오류는 잘못되었다는 뜻이 아니라 사실과 다르게 왜곡된다는 뜻이다. 이는 남자든 여자든 관계없이 인간이면 누구에게나 똑같이 작용한다. 남녀노소를 불문하고 인간이면 누구에게나 작용한다. 누가 잘못했다고 무엇이 잘못되었다는 것이 아니라 사실과 다르게 작용한다는 것이다.

사람을 이야기할 때 흔히 "열 길 물속은 알아도 한 길 사람 속은 모른다."라고 한다. 이는 인간의 마음과 심리의 작용을 모르기 때문이다. 인간의 마음을 알면 사람의 마음을 아는 것은 어렵지 않다. 그러나 인간의 마음을 모르면 사람의 마음을 알 수 없다. 이로 인하여 자신이 생각한 것이 올바르다고 확신하는 오류가 발생하면서 사실과 다르게 생각하게 된다. 즉, 오해가 발생하는 것이다.

여러분이 상대에 대하여 생각할 때 올바른 생각을 하는 경우는 10% 미만이다. 상대의 마음을 생각할 때 90% 이상은 왜곡되는데, 이 왜곡된 생각이 100% 올바를 것이라고 확신한다. 그래서 인간의 마음은 90% 이상을 왜곡하여 해석하고, 생각으로 확신하면서 자각한다.

인간의 마음을 이해하려면 '마음을 외부로 표현할 때는 무의식이 작용하고, 외부의 정보를 마음으로 받아들이는 것은 의식이 작용한다.'는 사실을 정확히 알아야 한다. 인간이 마음을 표현할 때, 표현하는 자신은 의식하지 못하기 때문에 자신이 표현한 말과 행동과 표정을 기억하는 부분은 매우 적다. 그러나 마음으로 인식하는 것은 의식이 작용하기 때문에 상대의 말과 행동과 표정을 비교적 잘 기억한다. 이로 인하여 자신과 상대 사이에 생기는 감정문제 또는 감정대립의 원인으로 기억되는 것은 대부분 상대의 말과 행동과 표정인 반면 자신이 했던 말과 행동과 표정은 거의 기억하지 못하기 때문에 문제의 원인은 모두 상대에게 있다고 생각하고 확신하게 된다.

따라서 실제 대부분의 스트레스와 상처는 자신의 마음에서 만들어지지만, 이 스트레스와 상처가 발생한 원인에 대해서는 상대를 탓하는 현상이 발생한다. 이는 인간의 마음을 알지 못하면 이해할 수 없다. 인간이면 누구에게나 발생하는 당연한 현상이지만, 마음이 작용하는 원리를 이해하지 못하기 때문에 갈등과 대립의 원인이 되는 것이고, 스트레스와 상처가 발생하는 이유이다. 이런 현상은 남녀노소를 불문하고 주변에게 항상 발생한다.

여러분은 의식과 무의식의 작용에 대하여 처음 듣는 말이기 때문에 반신반의할 것이다. 한편으로는 인간의 마음이 작용할 때 의식과 무의식이 다르게 작용한다는 놀라운 사실을 알게 되었다. 자신 또는 다른 사람들을 대상으로 분석해 보면 확연히 알 수 있다. 외부의 정보를 마음으로 인식하는 것은 의식으로 하고, 마음을 외부로 표현하는 것은 무의식으로 한다는 사실을 분석해 보기 바라며, 분석을 해 보면 모든 사람들이 똑같다는 것을 알게 될 것이다.

이처럼 그동안 여러분이 상대의 감정을 생각하고 확신한 것이 올바른 것은 불과 10%도 채 안 된다는 사실을 알게 되었다. 이는 여러분을 비롯하여 아이들, 배우자, 부모님, 친구, 지인 등을 비롯하여 전 세계의 다른 모든 사람들이 동일하다.

  요약해서 정리해 보면, 외부의 정보를 마음으로 인식할 때는 외부의 정보를 신체의 다섯 개 감각기관으로 받아들여서 마음으로 전환하는데 이를 생각이 자각하기 때문에 의식이 작용한다. 반면 마음을 외부로 표현할 때는 자신의 마음을 말과 행동과 표정으로 표현하는데 이때 무의식이 작용한다. 이처럼 마음으로 인식할 때는 의식이 작용하고, 마음을 표현할 때는 무의식이 작용한다.

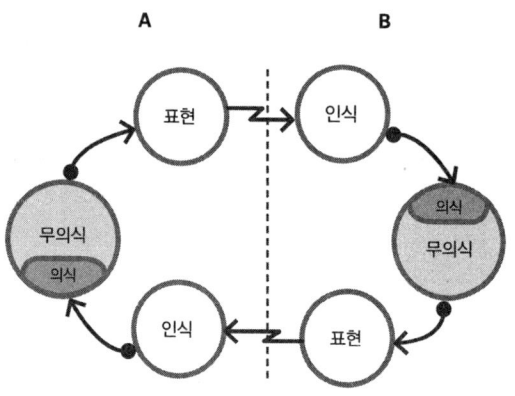

그림에서 보는 바와 같이 A와 B가 상호 마음을 주고받는 과정을 살펴보면, A가 말과 행동과 표정으로 B에게 마음을 표현할 때 A는 자신도 모르게 무의식으로 표현하였지만, B는 A의 말과 행동과 표정을 신체의 감각기관의 정보로 받아들여서 의식으로 자각하면서

생각으로 받아들인다. 이후 B가 A에게 말과 행동과 표정으로 A에게 마음을 표현할 때 B는 자신도 모르게 무의식으로 표현하였지만, A는 B의 말과 행동과 표정을 감각기관의 정보로 받아들여서 의식으로 자각하면서 생각으로 받아들인다. 그래서 A와 B는 서로 상대에게 마음을 표현할 때는 무의식으로 표현했고 서로 상대가 표현한 말과 행동과 표정의 정보는 의식으로 인식했다. 이처럼 상대의 표현을 의식으로 받아들일 때 발생하는 오류가 '인식의 오류'이고, 자신은 무의식으로 표현하기 때문에 잘 기억하지 못하는 오류를 '표현의 오류'라고 하며, 인식과 표현이 서로 함께 작용하면서 오류가 상호작용하여 오해와 갈등이 발생하는 것을 '심리작용의 오류'라고 한다. 이 심리작용의 오류는 인간이면 누구에게나 발생한다.

이와 같이 외부의 정보를 마음으로 받아들일 때는 의식이 작용하고, 마음을 외부로 표현할 때는 무의식이 작용한다. 그런데 인식과 표현이 의식과 무의식으로 따로 작용하면서 인간관계에 문제가 쉽게 발생한다. 그래서 인간은 오해도 잘하고, 감정파괴도 잘하며, 좋은 감정을 만들기도 잘하고, 자기 생각과 멋대로 사는 것이다. 이는 여러분도 아이들도 배우자도 모두가 다 마찬가지이다. 또한 전 세계의 모든 인간은 똑같다.

다시 그림을 살펴보자. A라는 사람과 B라는 사람이 서로 마음을 주고받는다고 할 때, 한 사람이 무의식으로 표현하면 상대는 의식으로 받아들인다. B라는 사람의 입장에서는 A라는 사람의 표현은 외부의 정보이기 때문이다. 그러면 A라는 사람은 아무 생각 없이 무의식으로 표현했는데, B라는 사람은 의식으로 받아들여서 생각으로 자각하면서 A라는 사람이 저렇게 의도했을 것이라고 생각하고 확신하게 된다.

여러분의 남편이 집에 왔는데 표정이 좋지 않다면, 여러분은 남편의 표정을 보고 '남편에게 뭔가 좋지 않은 일 또는 스트레스 받는 일이 있는가 보다.'라고 생각하게 된다. 이때 남편의 좋지 않은 표정은 남편의 무의식이 표현하는 것이고, 여러분은 이를 의식인 생각으로 받아들인다. 그러면 여러분은 자신도 모르게 무의식이 작용하여 "무슨 일 있어?"라고 생각 없이 묻게 되면, 남편은 이 말을 의식인 생각으로 받아들인다. 그러면 다시 남편은 자신도 모르게 생각 없이 무의식이 작용하여 "몰라도 돼.", "신경 쓰지 마, 별거 아니야."등으로 대답한다. 이는 부부관계에 흔히 발생하는 현상이다.

이를 세밀하게 보면 결국 인식은 의식이 작용하고, 표현은 무의식이 작용하는 것임을 어렵지 않게 확인할 수 있다. 남편이든, 아이들이든, 부모님이든 서로의 인식과 표현을 살펴보면 쉽게 알 수 있다. 이와 같은 현상은 인간이라면 누구나 똑같이 발생한다.

아이들이 여러분 또는 선생님에게 말과 행동과 표정을 잘못한 일이 발생했다고 생각해 보자. 이때 아이들은 과연 부모님인 여러분 또는 선생님에게 일부러 잘못한 것인지 생각해야 한다. 대답은 의외로 간단하다. 아이들은 의도적으로 생각하여 일부러 잘못한 것이 아니다. 자신들도 왜 그렇게 잘못을 했는지 모르고 있다. 아니 잘못한 것이라 생각하지 않았을 것이다. 아이들의 무의식이 작용하면서 생각을 하지 않았고, 자신도 모르는 사이에 말과 행동과 표정으로 표현한 것이다. 그런데 부모님이나 선생님들은 아이들에게 뭐라고 이야기하는가? 자신에게 감히 의도적으로 일부러 그런다고 생각하고, "네가 어떻게 그럴 수 있어?"또는 "엄마 또는 선생님 한번 힘들어 봐라 이거야?"라고 생각하면서 화내고 짜증을 낸다. 그러면서 그 아이들은 여러분 또는 선생님으로부터 많이 혼난다. 상황이 이렇게 되면 아이들은 너무도 억울해한다. 아이들은 그런 것이 아니라고 말하지만, 여러분이나 선생님은 자신의 생각이 옳다고 확신하면서 아이들을 혼내고 올바르게 가르치는 것에만 몰입한다. 무엇이 올바른지, 무엇을 가르쳐야 하는지 알고 있을까? 아이들이 억울해서 받을 스트레스와 상처는 전혀 생각하지 않는다. 이처럼 무엇인가 잘못하거니 문제가 생기면 이렇게 되는 것이다.

그러면 누구의 잘못인가? 무의식으로 생각 없이 표현한 아이들이 잘못한 것인가? 아니면 아이들이 무의식으로 표현한 말과 행동과 표정을 의식으로 받아들여 생각하고 확신한 부모님 또는 선생님의 잘못인가? 이렇게 질문하면, 여러분은 무엇이라 대답할 수 있을까?

여러분이 늘 했던 것이다. 그런데 왜 아무런 대답을 할 수 없는가? 결국은 아이들, 부모님이나 선생님의 잘못이 아니다. 아무도 잘못한 것이 없다. 다만 마음으로 인식할 때는 의식이 작용하고, 마음을 표현할 때는 무의식이 작용하는 것을 서로 몰랐기 때문에 발생한 문제일 뿐이다.

과거에 이 마음이 작용하는 원리에 대하여 지금의 24살인 딸에게 설명했을 때 딸이 말했다. "거봐 아빠, 옛날에 내가 혼났을 때 내가 잘못한 거 아니잖아." 그런데 나는 예전에 내가 딸을 혼낸 적이 있기는 한 것 같지만 기억이 잘 나지 않는다. 딸은 왜 그런 세세한 것까지 기억하는지, 쓸데없는 것을 왜 기억하는지 이해되지 않았다. 물론 지금은 감정기억의 차이로 인하여 그런 것임을 알지만, 그때는 잘 몰랐다. 아무튼 이 마음이 작용하는 원리를 이야기했을 때 딸은 '그때 자기가 혼났던 걸 이제야 보상받는 것 같다.'고 이야기를 했다.

여러분도 마찬가지의 경험이 많을 것이다. 결혼하기 전 연애할 때 남편은 여러분에게 절대 손에 물 안 묻혀 주겠다고 약속해 놓고 남편은 어떠했는가? 여러분이 자녀를 출산하고 양육하는 것은 물론 가사노동 또는 직장생활을 병행하면서 여러분을 힘들게만 하고, 자녀들은 엄마인 여러분이 알아서 키우라는 식으로만 이야기하니 여러분은 힘들고 짜증나고 화나는 경우가 많을 것이다. 이때도 남편의 말과 행동과 표정을 분석해 볼 수 있다. 남편이 여러분에게 일부러 그럴까? 그런데 여러분은 이상하게도 남편이 일부러 그러는 것처럼 느껴진다.

그런데 더욱 놀라운 사실은 이렇게 무의식으로 표현할 때 상대가 사랑하는 사람이 아닐 경우에는 작용되지 않는다는 것이다. 사랑하지 않는 사람. 즉 여러분과 전혀 관계가 없는 사람이라면, 여러분에게 하는 표현을 의식으로 하면서 생각하고 의도하기 때문이다. 무의식으로 표현하는 것이 90% 이상을 넘어서 거의 100%에 가까울수록 사랑하는 사람이다. 물론 여러분은 아직도 남편이 일부러 의도하는 것처럼 느껴질 것이지만, 사랑하는 상대는 표현할 때 무의식이 작용하면서 생각조차 하지 않는다.

여러분은 처음 만난 사람 또는 업무관계로 만난 사람은 '혹시 내가 말 한마디 잘못하면 어떻게 되나.'라고 생각하고, '이건 어떻게 되나?'하고 생각한다. 이렇게 생각이 많아지면 스트레스가 생긴다. 따라서 여러분이 친한 친구들을 만나서 수다스러운 이유는 서로 친밀해야만 할 수 있는 표현을 자기도 모르게 무의식으로 할 수 있기 때문이다. 무의식으로 표현해야 마음이 풀리고 스트레스가 해결되면서 힐링되기 때문이다. 이와 같이 여러분이 상대에게 무의식으로 표현한다는 것 또는 상대가 여러분에게 무의식으로 표현한다는 것을 역으로 생각하면 상대가 여러분을 좋아한다거나 아니면 여러분을 사랑하는 등과 같이 여러분과 사랑하는 인간관계 또는 친밀한 인간관계를 가지고 있다는 뜻이다.

인간관계에 있어서 "의식적인 인간관계"와 "비정상적인 인간관계", "범죄의 인간관계" 등에 관련된 내용은 구체적으로 설명하지는 않는다. 결국 상대가 표현하는 말과 행동과 표정을 보면 상대와 나와의 인간관계가 어떻다는 것을 정확하게 해석할 수 있다. 이는 마음이 작용하는 원리를 알면 쉽다.

참고로 여러분의 아들 또는 남편을 대상으로 확인해 보기 바란다. 아들도 남자고 남편도 남자이다. 남자는 성인 또는 미성년이 중요하지 않다. 남자는 남자일 뿐이다. 이때 남자는 여자의 표정에 매우 민감하다. 즉 여자의 표정에 의하여 남자의 기분이 좌우된다. 따라서 여러분이 비록 신경질 나고 화나는 일이 있더라도 남편과 아이들에게 환하게 웃어보라. 그렇게 웃으면 남자는 여러분을 편안하게 대하거나 오히려 재미있고 즐거운 기분으로 대할 것이다. 이는 여자인 여러분의 표정에 의하여 기분이 좋아졌기 때문이다. 이상하게도 여자의 표정이 웃으면 남자는 매우 편안해지고 기분이 좋아진다. 여자가 웃는 표정을 보이면, 남자인 아들과 남편이 인식할 때는 좋은 기분으로 인식하고 상대 여자인 여러분도 기분이 좋을 것이라고 생각한다. 남자는 다섯 개 감각기관 중에 시각이 잘 발달되어 있다. 따라서 좋은 말이나 칭찬을 하지 않아도 된다. 그저 여러분이 환하게 웃으면 아들도 남편도 기분이 달라진다. 아이들은 "엄마, 무슨 좋은 일 있어?"남편은 "오늘 기분 좋은 일이라도 있나 보지?"라면서 덩달아 웃으며 여러분의 표정에 관심을 갖고 이야기한다. 그러니 환하게 웃어 보기 바란다.

또 한 가지를 제안해 드리면, 여러분은 자신의 표정을 거울로 보기 바란다. 거울을 볼 때는 무표정으로 보도록 한다. 그 무표정을 여러분의 남편과 아이들, 그리고 주변사람들이 매일 보고 사는 얼굴이라고 생각하면 된다. 무표정한 자신의 얼굴 표정이 어떠한지 느껴 보기 바란다.

과거 화를 잘 내고 욱하는 성격이 있는 분에게 거울을 보도록 했다. 그랬더니 그분이 집에 돌아가서 거울을 보면서 화낸 표정을 보게 되었는데, 자신이 거울 속에 웬 괴물이 하나 들어 있어 놀랐다고 했다. 또한 표정을 바꾸어서 웃어 보았더니 매우 어색해서 낯설게 느껴졌다고 했다. 거울을 본 후에 아내와 아이들과 함께 식사하면서 딸에게 말했다고 한다. "아빠가 방금 거울을 보는데 화를 내면서 보니 거기에 웬 괴물이 하나 들어있는데, 우리 딸이 그동안 아빠가 괴물로 보여서 많이 아프고 힘들었겠더라."라는 말을 하자 식사를 하던 딸이 식사를 하다 말고 많이 울었다고 한다. 울고 있는 딸에게 그분은 "아빠가 정말 많이 미안해. 오늘부터 다 바꿀게. 웃어 보았는데 너무 어색하고 낯설게 느껴지기는 하지만 이제부터 아빠가 웃는 표정으로 바꾸어 볼게."라고 말했다고 한다. 딸이 아빠에게 나중에 말했다고 한다. "자기가 지금까지 아빠한테 혼나기만 하고, 아빠한테 불평불만이 매우 많아서 아빠가 싫었었는데, 아빠의 천 마디 말보다 그 한 마디에 그냥 다 사라졌다."라고 웃으면서 말했다고 한다. 그리고 그날 이후 그 분은 진짜 바뀌었다. 거울을 붙들고 살다시피 하면서 웃는 표정이 되기 위한 노력을 많이 했다고 한다.

이처럼 웃는 연습이 얼마나 중요한지 알아야 한다. 여러분도 똑같다. 웃어 보기 바란다. 그러면 내 아이가 그리고 내 남편이 달라진다. 놀랍게도 남편과 아이들이 변한다. 여러분이 화나고 신경질 나는 일이 있더라도 웃어 보기 바란다. 그러면 '너무 억울하지 않냐?'라고 생각할 수 있다. 맞다. 억울하게 생각될 수 있다. 또한 '내가 왜 맞춰 주고 살아야 하는가?'라고 생각할 수도 있다. 그러나 여러분이 그렇게 해야 하는 이유가 있다. 여러분은 마음이 작용하는 원리를 듣고 알게 되었지만, 아이들이나 남편은 마음이 작용하는 원리를 듣지 못했으니 모를 수밖에 없기 때문에 그렇다. 아는 사람이 먼저 실천하는 것이다. 그러면서 남편이나 아이들에게 마음이 작용하는 원리를 이야기하면서 남편 또는 아들에게 "진짜 그래?"하고 물어 보라. 그러면 남편과 아들이 대뜸 뭐라고 하는지 들어 보기 바란다. 여러분은 남편 또는 아들에게 놀라운 이야기를 듣게 될 것이다.

이와 같이 여자의 표정에 의해서 집안 전체가 좌지우지된다. 여러분이 기분 나쁠 때 표정으로 인상을 한번 쓰면 집안 전체의 분위기가 싸늘해진다. 굳이 기분 나쁘다고 말하지 않아도 된다. 그러면 남자들은 눈치를 보면서 알아서 조절한다. 이처럼 남자가 여자의 표정에 의해서 좌지우지되는 이유는 남자는 스트레스를 받으냐 안받으냐만 인식하기 때문이다. 즉 기분이 좋냐 나쁘냐만 작용한다.

그러나 여자는 남자의 말에 의해서 민감하게 반응한다. 그래서 여자는 다섯 개 감각기관 중에 청각이 발달되어 있다. 여자들은 대체적으로 이야기하는 것을 좋아한다. '칭찬이나 좋은 말은 거짓말인 줄 알면서도 좋다.'는 말은 여자에게 적용되는 말이다. 왜냐하면 여자는 상대가 어떻게 말하느냐에 따라서 스트레스와 상처를 받거나 혹은 받지 않는다. 이는 여자라면 잘 알 것이다. 기분 나쁠 때는 위로라도 해 주고 따뜻한 말 한마디라도 해 주면 되는데, 그렇지 않기 때문에 화내고 짜증나는 것이다.

만일 여러분이 힘들어 할 때, "그동안 잘 살아왔다", "참 열심히 왔고 고생 많았다.", "얼마나 힘드니?"등과 같은 따뜻한 말 한마디가 중요하다. 방을 쓸어 주고, 청소해 주고, 휴지를 버려 주고 하는 이런 것은 중요하지 않다. 따뜻한 위로와 격려의 말 한마디로 여러분의 스트레스와 상처가 힐링된다. 이는 자기 자신에게 해도 효과가 좋다. 답답하고 힘들 때는 거울을 보면서 여러분 자신이 자신에게 따뜻한 말 한마디로 위로와 격려를 해 보길 바란다.

또 한 가지를 알아야 한다. 여러분이 화내고 짜증내는 이유는 상대가 친밀한 관계 또는 사랑하는 관계이기 때문이다. 친하지 않고 사랑하지 않는 사람에게 짜증내지는 않는다. 여러분에게 피해를 주지 않은 이상 친하지 않는 사람들에겐 관심도 없다. 여러분에게 피해를 주지 않더라도 사소한 거 하나라도 그들이 잘못하는 것에 대해서는 별로 상관하려고 하지 않는다. 그러나 아이들이나 남편이 뭔가 조금이라도 잘못하면 괜히 화나고 신경질이 나는 이유는 내 일이 아닐지라도 사랑하는 관계이기 때문에 그렇다.

그렇다면 여러분이 남편 또는 아이들에게 화를 낸다고 한다면, 왜 화를 낸다고 생각하는가? 바로 여러분이 남편과 아이들을 사랑하기 때문이다. 그래서 아이들 또는 남편에게 이 이야기를 하면 아이들이나 남편은 "사랑하는 것은 좋아하는 것인데, 그럼 좋은 말만 하고 예뻐하고 챙겨주고 안아주고 그러면 되는데 왜 화내고 짜증내야 되는데?"라고 말한다. 분명 여러분이 남편과 아이들을 사랑하는 것은 맞는데, 이렇게 반문하면 여러분은 무엇이라 대답하시겠는가?

이것이 사랑하는 인간관계에서 발생하는 오류인데, 서로의 마음이 함께 작용할 때 발생하는 인식의 오류와 표현의 오류이며, 심리작용의 오류로 발생하는 현상이다. 즉 사랑하는 인간관계일 경우, 상대에게 마음을 표현할 때는 무의식이 더욱 심하게 작용하고, 상대의 표현을 인식할 때는 의식이 작용한다. 이때 의식과 무의식이 작용하는 원리가 다르다 보니 표현한 사람의 생각과 인식한 사람의 생각이 서로 다른 것처럼 느껴지는 것이다. 이는 친밀한 인간관계 또는 사랑하는 인간관계에서만 나타나는 현상이다.

4
감정대립과 스트레스

인간은 살아가면서 다양한 사람들과 인간관계를 갖고 사회생활을 한다. 사회생활을 하면서 인간관계를 맺는 것은 당연하며, 인간관계에서 발생하는 감정대립과 감정싸움으로 인하여 받는 스트레스와 상처는 인간이라면 누구에게나 발생한다. 이때 발생하는 스트레스와 상처를 힐링하기 위해서는 반드시 인간이면 누구에게나 발생하는 감정대립 또는 감정싸움의 원인을 정확하게 알고 이해해야만 한다. 여러분도 아이들도 남편도 이외 주변의 모든 사람들도 다 인간이기 때문에 인간관계에서는 누구나 감정대립 또는 감정싸움을 한다.

인간관계에서의 감정대립과 감정싸움은 세 가지의 원인으로 요약할 수 있다. 첫 번째는 대화를 인식하는 방식이 남자와 여자가 다르고, 두 번째는 성별에 따라 다른 감정기억의 오류, 세 번째는 인식은 의식으로 하고 표현은 무의식으로 하는 심리작용의 오류로 발생한 오해와 갈등 때문이다.

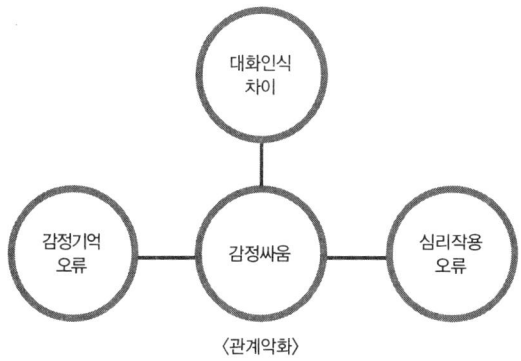

〈관계악화〉

여러분의 경우를 살펴보면 부부싸움 또는 아이들, 부모님, 그리고 친구와 지인 등과 여러분의 감정싸움도 마찬가지로 그 주요원인이 대화인식의 차이, 감정기억의 오류, 심리작용의 오류 등 세 가지로 구분할 수 있다. 이 세 가지 중 한 가지 이상 문제가 발생하면 감정 대립 또는 감정싸움을 하게 된다. 따라서 부부와 가족은 서로 사랑하는 인간관계로서 세 가지의 문제는 반드시 발생하기 때문에 사랑하는 관계에서는 감정대립과 감정싸움이 없을 수 없다.

인간관계에서 말다툼과 같은 감정대립과 감정싸움을 자주하는 경우 서로가 사랑하거나 친밀한 사이라는 것을 의미하는데, 감정싸움이 너무 빈번하거나 더 나아가 폭언과 폭력이 발생하는 경우는 감정싸움의 정도가 지나쳐서 심각한 인간관계에 문제를 유발하기도 한다. 이때 여러분을 비롯한 모든 인간은 감정싸움이 왜 발생하는지 정확히 알지 못하기 때문에 상대를 이해할 수 없게 되면서 감정싸움을 반복하면서 서로 스트레스와 상처를 주고받게 된다. 사랑하거나 친밀한 관계이기 때문이다.

여러분은 부부싸움을 전혀 하지 않는 부부, 또는 전혀 싸움을 하지 않고 산다고 하는 부부가 부러울 수도 있다. 그러나 인간관계에서 볼 때는 매우 심각한 문제를 갖고 있는 부부라고 할 수 있다. 이러한 부부의 경우에는 한 사람이 참고 견디면서 살고 있거나, 사랑이 전혀 없어서 무관심한 부부라고 할 수 있다. 결국 감정대립이나 감정싸움이 없는 부부, 말다툼이나 감정싸움이 없는 가족관계는 건강하지 못한 관계 또는 심각한 문제가 있는 관계라는 것을 알 수 있다.

이처럼 인간관계에서 사랑하는 관계 또는 친밀한 관계에서는 감정싸움이 반드시 발생하게 된다. 여러분은 어떠한지 생각해 보기 바란다. 부부싸움을 전혀 하지 않는가?, 자녀들 또는 부모님과 감정싸움을 하지 않는가? 여러분 스스로가 잘 생각하면 여러분의 부부관계 또는 가족관계가 어떤 인간관계인지 잘 알게 될 것이다.

인간이 감정대립과 감정싸움을 하는 경우를 살펴보면, 오해와 갈등으로 발생하는 감정싸움 중에 대화인식의 차이로 인한 감정싸움은 10%, 감정기억의 오류로 인한 감정싸움은 10%, 그 외 80% 이상이 심리작용의 오류로 인한 감정싸움이라 할 수 있다. 이때 이 세 가지로 인한 감정대립과 감정싸움은 인간이면 누구에게나 발생하기 때문에 자신이 생각하는 상대에 대한 스트레스와 상처의 감정 중 90% 이상은 사실과 전혀 다르게 생각하는 오해 때문이라는 것을 알아야 한다.

여러분의 감정대립과 감정싸움 중 대표적인 것은 부부싸움이다. 감정대립은 서로의 감정이 대립하면서 사랑하는 관계가 악화될 수밖에 없다. 남녀 간의 감정싸움이 되었든 동성 간의 감정싸움이 되었든 똑같다. 여러분과 아이들과의 감정싸움도 마찬가지이다. 이처럼 감정대립과 감정싸움은 대화인식의 차이, 감정기억의 오류, 심리작용의 오류 등 세 가지의 경우에 발생하는데 이 세 가지 중 하나라도 발생하면 감정대립과 감정싸움을 하게 된다.

첫 번째는 대화인식의 차이에 의한 감정대립과 감정싸움이다. 이는 남자는 대화를 문제로 인식하기 때문에 대화를 인식할 때 스트레스가 발생하여 대화를 회피 또는 거부하지만, 여자는 대화를 해결로 인식하기 때문에 대화를 인식할 때 좋은 감정이 발생하여 대화를 원한다. 그래서 여러분이 남편 또는 아들인 남자에게 대화를 하자고 했을 때, 남편 또는 아들인 남자가 대화를 거부하거나 회피하는 말과 행동과 표정으로 인하여 여러분에게 스트레스와 상처가 발생하면서 감정대립 또는 감정싸움을 하게 된다. 이와 같은 현상은 전체 감정대립의 약 10%가 해당되고 주로 남자와 여자의 사이에서 발생한다. 여러분과 남편 또는 아들, 아버지, 남자친구 또는 남자지인 등 사랑하는 관계 또는 친밀한 관계 등에서 발생하는 현상이다.

두 번째는 감정기억의 오류에 의한 감정대립과 감정싸움의 경우이다. 남자는 상처를 감정을 기억하지 못하고, 여자는 상처의 감정을 잘 기억한다. 그래서 남자는 자신처럼 여자도 상처를 기억하지 못할 것이라 인식하고, 여자는 자신처럼 남자도 상처를 잘 기억할 것이라 인식한다. 이렇게 이야기를 하면 "말도 안 돼."라고 말할 수 있지만 감정기억의 오류는 사실이다. 남자와 여자가 서로 사실과는 다르게 인식하고 생각한다. 이는 인간이면 누구에게나 발생한다. 이 감정기억의 오류는 잘못된 것이 아니라 서로가 감정기억에 오류가 있다는 것을 모르는 것뿐이다. 그래서 남자는 과거의 상처를 잘 기억하는 여자가 남자 자신과 연계된 과거의 상처를 이야기하면 스트레스를 받고, 여자는 남자가 과거에 준 상처를 기억하지 못하는 남자에게 스트레스와 상처를 받는다. 이러한 현상이 발생하는 이유는 '남자는 상처를 기억하지 못하고, 여자는 상처를 기억'하기 때문인데, 서로의 입장에서 생각할 때는 자신과 같을 것이라고 생각하는 오류로 인하여 발생하는 당연한 현상이다. 그래서 남자와 여자는 서로 감정기억의 오류로 인하여 과거에 대한 상처를 이야기하면 서로 감정대립 또는 감정싸움을 하게 된다. 이렇게 감정기억의 오류로 인하여 감정대립과 감정싸움을 하는 경우는 전체 감정대립과 감정싸움의 약 10%가 해당된다.

세 번째는 심리작용의 오류에 의한 감정대립과 감정싸움이다. 인간이 마음을 외부로 표현할 때는 무의식이 작용하지만, 외부의 정보를 마음으로 받아들일 때는 의식이 작용한다. 그래서 자신이 마음을 표현을 할 때는 무의식으로 하지만, 상대가 이 표현을 인식할 때는 의식으로 한다. 자신과 상대 모두가 자신이 표현한 말과 행동과 표정은 잘 기억하지 못하지만, 상대의 말과 행동과 표정은 잘 기억한다. 따라서 서로에게 문제가 발생하면 자신이 한 말과 행동과 표정을 잘 기억하지 못하고, 상대가 한 말과 행동과 표정은 잘 기억하기 때문에 모든 문제의 원인은 상대에게 있다고 생각하고 확신한다. 즉 무의식으로 표현한 당사자는 자신의 말과 행동과 표정을 기억하지 못하고, 상대가 무의식으로 표현한 말과 행동과 표정은 의식으로 인식하고 잘 기억하기 때문에 발생하는 현상이다. 이렇게 심리작용의 오류로 인하여 감정대립과 감정싸움을 하는 경우는 전체 감정대립과 감정싸움의 약 80%를 차지할 만큼 빈번하게 발생하며, 특히 사랑하는 관계 또는 친밀한 관계에서는 너무도 흔하게 발생한다.

1) 대화심리의 차이

사랑하는 관계 또는 친밀한 관계에서 남자와 여자는 대화를 인식하는 것이 다르다. 대화의 방법도 다르고, 대화를 위한 표현도 다르다. 이로 인하여 서로가 대화인식의 차이를 알지 못하기 때문에 감정대립과 감정싸움을 하는 경우에 발생하는데 전체 감정대립과 감정싸움의 약 10%가 해당된다.

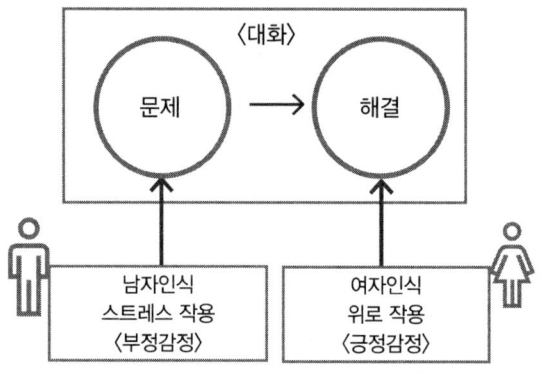

먼저 남자에게 막연하게 대화하자고 말하면 남자는 대화하는 자체를 문제로 인식하기 때문에 스트레스가 작용하면서 대화를 거부 또는 회피하는 반면 여자에게 대화하자고 말하면 여자는 대화하는 자체가 위로로 작용하면서 문제를 해결하는 것으로 인식하기 때문에 좋은 감정이 작용한다. 이는 사랑하는 관계 또는 친밀한 관계에서 정상의 마음과 심리를 가진 남자와 여자라고 할 수 있다. 그러나 비정상의 마음과 심리를 가진 경우에는 남자는 대화를 해결로 인식하기 때문에 문제해결의 좋은 기분으로 작용하고, 여자는 대화를 문제로 인식하기 때문에 스트레스가 작용한다.

따라서 남자와 여자는 친밀한 관계 또는 사랑하는 관계일 경우에 대화에 대하여 남자와 여자가 서로 다르게 인식하는 것으로 인하여 감정대립과 감정싸움을 할 수 있다. 따라서 상대가 대화를 어떻게 인식하는지 알게 되면 대화인식의 문제로 인한 감정대립과 감정싸움은 대폭 줄어들게 된다.

참고로 대화와 소통은 다르다. 대화는 자신의 의견과 감정을 상대와 서로 주고받으면서 상호 교감을 위한 심리작용을 하는 반면, 의사소통은 의견만 상대와 서로 주고받으면서 상호 교감이 필요하지 않기 때문에 심리작용을 하지 않는다. 또한 소통은 동물이나 인간이나 모두가 동일하게 사용하지만, 상호 감정을 교류하기 위한 심리작용의 대화는 인간만이 할 수 있다.

이처럼 대화의 인식에 대한 차이로 인하여 남자는 대화를 문제로 인식하면서 막연하게 대화하는 것을 싫어한다. 반면 여자는 대화를 문제가 아닌 해결로 인식하면서 대화를 위로와 해결로 받아들이기 때문에 막연한 대화에 대해서 좋은 감정이 생긴다. 이러한 현상은 대화를 감정교류로 인식하기 때문이다. 따라서 남자에게 의견교류를 위하여 대화하는 것은 좋은 기분을 만드는 것이기 때문에 남자들끼리 이야기하면 의견에 대하여 수다스러워지지만, 대화를 통해 감정을 교류하는 것을 싫어한다. 반면 여자에게 감정교류를 위한 대화는 좋은 감정을 만드는 것이기 때문에 여자끼리 이야기를 하면 감정에 대하여 수다스러워진다.

특히 남자에게 대화에 대한 구체적인 목적과 이유도 없이 막연하게 그냥 대화를 하자고 하면 스트레스를 받는다. 남자에게 "대화를 하자."라고 말하면, 남자는 '왜 나와 이야기를 하려고 하지? 무슨 문제일까?'라고 생각하는 것이 남자이다. 대화의 구체적인 목적과 이유가 없으면 분명 자신에게 문제를 말하려고 할 것이라는 막연한 생각으로 인하여 스트레스로 작용한다. 그러나 여자에게 대화에 대한 구체적인 이야기 없이 막연하게 그냥 "대화를 하자."라고 말하면, 여자는 '뭔지 모르지만 관심이 있는 것에 대해서 해결하려고 하는구나.'로 받아들인다. 그래서 대화에 대해서 문제를 해결하려고 한다거나 자신에 대하여 관심을 가진다는 인식 때문에 긍정적으로 작용한다.

따라서 남자와 대화를 하고자 할 때는 대화를 하고자 하는 구체적인 목표와 이유를 이야기한 후에 그것에 대하여 대화하자고 하면 스트레스를 받지 않지만, 여자는 구체적인 목표와 이유를 이야기하지 않아도 대화에 대해서 긍정적인 감정을 가진다. 그러나 여자에게 먼저 대화를 하는 구체적인 목표와 이유를 얘기한 후 대화를 했을 때, 실제 대화에서 나누는 구체적인 목표와 이유가 다르거나 생각했던 해결의 기대에 미치지 못하게 되면 대화를 한 후에 오히려 스트레스와 상처가 만들어진다. 즉 대화를 하지 않느니만 못한 결과가 발생한다. 따라서 여자와 대화를 하고자 할 때는 해결 또는 구체적인 이야기를 먼저 하면 대화를 한 후에는 실망을 할 수 있다. 여자는 해결할 것이라 기대하고 대화했는데, 해결이 되지 않으면 기대에 미치지 못하게 되면서 스트레스와 상처가 생기고 짜증이 나는 것이다.

즉, 남자는 구체적인 이야기를 한 후, 대화를 하자고 하면 스트레스가 발생하지 않지만, 여자는 그냥 대화를 하자고 한 후 대화하면 스트레스와 상처가 발생하지 않는다. 남자에게 그냥 막연하게 대화하자고 하면 스트레스가 발생하고, 여자에게 구체적인 이야기를 하면서 대화를 하자고 하면 대화를 한 후에는 스트레스와 상처가 발생할 가능성이 높다.

여자는 대화를 좋아한다. 여자는 대화 그 자체를 문제를 해결하는 것으로 인식하기 때문이다. 그래서 대화를 하자고 하면 무엇인지는 모르지만 해결될 것이라는 기대감을 가진다. 그러나 남자는 대화 그 자체에 대하여 자신의 잘못 또는 문제를 이야기할 것이라고 인식한다. 그래서 무엇인지는 모르지만 잘못 또는 문제에 대하여 스트레스를 받는다.

예를 들어 보자. 여러분이 남편에게 "오늘 일찍 좀 오세요. 내가 꼭 할 이야기가 있습니다."라고 막연하게 그냥 대화를 하자고 연락하면 어떨까? 그러면 남편은 매우 스트레스를 받으면서 아무 일도 손에 잡히지 않는다. 그래서 남편은 여러분에게 무슨 일이냐고 문자가 오고, 전화가 오고 그럴 것이다. 그럴 때 "어쨌든 와서 이야기해."라고 하다면 남편은 하루 종일 엄청난 스트레스와 함께 어떠한 것도 못한 채 보내게 된다. 경우에 따라서는 남편이 아이에게 전화하기도 한다. 그리고 아이에게 "오늘 엄마에게 무슨 일 있냐?"라고 물어 보기도 한다. 그러면 이 이야기를 들으면 여러분은 어떠한가? 여러분은 남편에 대하여 '뭐 찔리는 일이 있나 보지?'라고 생각할 수도 있다. 그러나 남편은 찔리는 일이 있어서 그런 것이 아니다. 이는 정상적인 남자라면 당연한 현상이다. 이처럼 막연하게 대화하자는 그 자체를 남자는 문제로 인식하여 스트레스를 받기 때문이다. '그래서 뭔지는 모르지만 분명히 자신의 잘못 또는 문제가 있다고 말할 것이야. 그렇지 않으면 집에 갔을 때 이야기하면 될 것을 꼭 일찍 오라고까지 이야기할리 없다. 이 정도면 분명히 뭔가 문제가 생긴 거야.'라고 생각하면서 스트레스를 받는다. 이러한 현상은 남편뿐만이 아니다. 여러분의 아버지, 오빠, 남동생, 아들, 남자선생님, 남자친구… 등 남자라면 전 세계 누구나 다 똑같다.

그러나 여자는 남자와 다르다. 남편이 아내에게 똑같은 문자를 보내면 아내로서 당연히 궁금한 것은 남편과 같다. 그런데 아내는 왠지 기분이 좋다. 대화 자체를 자신에 대한 관심 또는 무엇인지 잘 모르지만 해결로 인식하기 때문이다. 여자는 누군가 관심을 가져 주면 기분이 좋아진다. 그래서 여자들은 끊임없이 대화를 원하는데 남자는 끊임없이 대화를 회피한다. 아내가 남편에게 "여보, 얘기 좀 할까?"라고 하면 남편은 "무슨 얘기?"라고 말하는 것처럼 남편으로서는 무슨 이야기냐가 중요하다. 이때 아내가 "아니 그냥"이라고 말하면 남편은 "그럼 그냥 다음에 해"라고 말한다. 이 상황이 되면 아내는 섭섭해진다. '나한테 관심 없다.'고 받아들이게 된다. 그러나 남편은 아내에게 관심이 없는 것이 아니다. 다만 남자는 막연하게 대화를 하자고 하면 스트레스로 인식하기 때문이라서 무의식으로 회피하는 것뿐이다.

대화는 문제를 해결하는 과정이다. 그런데 남자는 막연한 대화를 문제로 인식하고, 여자는 막연한 대화를 해결로 인식한다. 이는 남자와 여자의 마음이 다르기 때문에 그렇다. 이와 같이 남자와 여자가 대화의 인식에 대한 차이로 인하여 발생하는 감정대립과 감정싸움은 전체 갈등의 원인 중 약 10%에 해당한다.

2) 감정기억의 차이

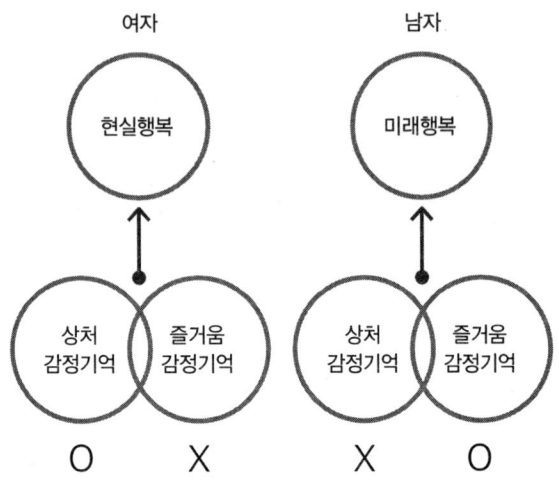

감성대립과 감정싸움의 두 번째 원인은 남자와 여자의 감정기억 차이 때문이다. 이는 여러분에게 조금은 충격적일 수도 있다. 남자와 여자의 감정기억이 전혀 다른데, 남자는 상처의 감정을 기억하지 않는다. 그렇다고 지식과 경험에 대한 사실을 기억하지 못하는 것이 아니다. 지식과 경험에 의한 사실은 기억하지만, 그 사실로 발생했던 상처의 감정을 기억하지 못하는 것이다. 여러분은 여자이기 때문에 남자가 상처의 감정을 기억하지 않는다는 것에 놀랐을 수 있고, 아닐 것이라고 생각할 수 있다. 그러나 이는 사실이다.

여자는 사랑을 기초로 하여 현재의 행복을 추구하고, 남자는 열정을 기초로 하여 미래의 행복을 추구한다. 이때 여자의 사랑은 꼭 남녀관계의 애정만을 뜻하는 것이 아니라 대상이든 사람이든 좋아하는 감정으로 몰입하는 것을 사랑이라고 한다. 또한 남자의 열정은 남녀관계의 즐거움만을 뜻하는 것이 아니라 대상이든 사람이든 즐거운 기분에 몰입하는 것을 열정이라고 한다.

따라서 남자와 여자가 감정을 어떻게 기억하느냐를 정확히 알아야만 남자와 여자가 행복을 추구하는 방향과 목표를 만들 수 있다. 그만큼 남자와 여자는 감정을 전혀 다르게 기억하고 있다는 것을 의미한다.

마음과 심리가 정상인 여자는 상처의 감정을 잘 기억하고 즐거움의 감정을 잘 기억하지 못한다. 여자가 즐거움의 감정을 잘 기억하지 못하는 것은 즐거움의 감정은 기분으로 전환함으로써 현재의 즐거움으로만 느끼고 사라지기 때문이다. 또한 여자가 상처의 감정을 잘 기억하는 것은 상처의 감정을 치료하여 사랑의 감정과 현재의 행복으로 전환할 수 있기 때문이다. 여자는 상처의 아픔과 고통을 쉽게 기억하기 때문에 이를 치료하고자 무의식이 작용하면서 치료의 과정에서 발생하는 사랑의 감정과 행복의 감정에 의하여 현재의 행복을 추구하고 상처의 감정을 행복의 감정으로 전환한다. 따라서 상처의 감정을 기억하기 때문에 치료의 욕구를 갖게 되는데, 이 치료는 상대 남자의 열정에 의한 사랑 또는 위로에 의하여 가능하다. 따라서 여자는 이 치료의 과정이 중요하고 이 과정이 곧 사랑의 과정이고 현재의 행복을 가지는 데 중요한 역할을 한다.

마음과 심리가 정상인 남자는 상처의 감정을 잘 기억하지 못하고 즐거움의 기분을 잘 기억한다. 이로 인하여 미래의 행복만을 추구하는 현상이 발생하고 재미와 즐거움을 좋아하며 나쁜 기분인 스트레스를 거부한다. 재미와 즐거움의 과정에서 열정이 발생하고 성취욕이 만들어지며 미래의 행복을 추구하게 된다.

만일 부모님이 돌아가셨다고 한다면 많이 슬프고 힘들다. 혹시 여러분 중에 부모님이 돌아가신 분 있다면 돌아가신 부모님에 대하여 이야기를 몇 마디만 해도 눈물 흘릴 것이다. 반면 남자는 돌아가신 부모님을 생각하여 울지 않는다. 남자는 부모님이 돌아가셨을 때의 상황에 몰입되어야만 그때 자신이 많이 슬펐을 것이라고 생각하고, 그때 슬펐을 때 어떠했는지 몰입해야만 비로소 눈물이 난다. 그러나 잠시 후 재미있고 즐거운 상황이 발생하면 슬픔은 바로 사라지고 재미있고 즐거운 상황에 쉽게 몰입한다.

남자는 즐거운 기분은 잘 기억한다. 그런데 안 좋았던 것은 잘 잊는다. 남자는 상처의 감정을 기억하지 말아야 한다. 만일 남자가 자신의 과거에서 안 좋았을 것으로 생각하는 사실만 골라서 기억하는 경우에는 둘 중에 하나이다. 하나는 현재 스트레스를 받아서 좋지 않은 기분이라는 것을 표현하는 것이고, 또 하나는 심리장애 또는 정신병증을 갖고 있는 것으로 정신에 문제가 발생한 것이라 할 수 있다.

  남자는 상처의 감정 즉 안 좋았던 과거의 그때 그 감정을 기억하게 되면 정신병원 가든가 아니면 자살할 위험이 매우 높아진다. 그래서 남자의 우울증은 자살 위험성이 매우 높다. 남자에게 우울증이라는 것은 과거 상처의 감정을 기억하면서 일상생활에서도 계속 작용한다는 뜻이다. 그러면 남자는 그 상처의 감정으로 발생하는 강력한 스트레스를 치료하지 못한 채 강한 스트레스로 인하여 견딜 수 없게 된다. 자신의 정신을 놓고 미쳐서 기억조차 못하도록 하든가, 아니면 생을 마감하여 자살하는 것이 상처의 감정기억으로부터 유일하게 벗어날 수 있는 방법이라고 생각하게 된다. 그만큼 남자가 과거 상처의 감정을 기억하는 것은 매우 위험한 상황에 직면하게 할 수 있다. 이는 전 세계의 모든 남자가 똑같다. 왜냐면 정상의 마음과 심리를 가진 남자는 즐거움과 관련한 기분을 기억하는 반면 상처의 감정을 기억하지 않기 때문이다.

  여자는 반대로 즐거움의 감정은 잘 기억하지 못하고, 상처의 감정은 잘 기억한다. 이때 어떤 여자가 "선생님. 저는 즐거운 것도 잘 기억하는데요."라고 말한다면, 마치 즐거움의 감정을 기억하는 것처럼 느껴질 수 있지만 실제로는 즐거웠던 사실을 기억하는 것이다. 그래서 '그때 참 즐거웠지.'라고 생각하면서 그것을 즐거운 감정이라고 생각한다. 실제로 그때 즐거웠던 감정을 기억하는 것은 아니다. 오늘 현재가 즐거우면 그때도 지금처럼 즐거웠을 것이라고 생각한다. 그래서 즐거운 감정을 기억한 것으로 생각하는 것처럼 느껴지는 것이다. 이는 남자가 상처의 감정을 생각하는 것과 같은 원리가 작용한다. 옛날에 여러분이 신혼여행을 갔을 때, 무엇인가를 기억하게 되면 '그때는 즐겁고 좋았지.'라는 생각할 수 있는데 이는 현재 좋은 감정이라는 뜻이다. 즉, 현재의 좋은 감정으로 과거의 사실을 기억하여 현재의 좋은 감정과 연결함으로써 '그때는 즐겁고 좋았지.'라고 생각하는 것이다.

그러나 상처의 감정은 다르다. 여러분이 남편 또는 아들과 이야기를 나누어 보면 쉽게 알 수 있다. 여러분이 과거에 남편 또는 아들에 의하여 기억된 상처의 감정을 기억나는 대로 이야기를 해 보면 남편과 아들의 반응은 엄청난 스트레스를 받는 것을 알 수 있다. 이때 남편과 아들이 스트레스를 받고 있음에도 불구하고 과거 상처의 감정에 대한 이야기를 지속하면 남편과 아들은 강력한 스트레스를 받는다. 이 말이 여러분에게는 농담으로 들릴 수도 있다. 그러나 실제 적용해 보면 사실이라는 것을 알 수 있다. 남자는 상처의 감정에 강한 스트레스를 받기 때문에 여러분이 상처의 감정을 이야기하면, 남편은 그만하라고 소리를 치거나, 아들은 회피하려고 할 수 있다. 이처럼 남편과 아들은 여러분이 이야기하는 과거 상처의 감정에 대하여 강한 스트레스를 받게 되면서 이 스트레스를 회피하거나 여러분에게 오히려 화를 낼 수도 있다.

여자가 일상생활에서 자꾸 과거의 상처를 기억하여 이야기한다면, 이는 여자가 상처의 감정을 치료하고자 하는 무의식이 작용하면서 무의식으로 말과 행동과 표정으로 표현하는 것이다. 여자는 과거의 상처가 아프고 슬프고 힘들기 때문에 이를 치료하여 좋은 감정 또는 사랑의 감정을 갖고 싶기 때문에 사랑하는 상대 또는 친밀한 상대에게 치료하고자 하는 무의식이 작용한다. 그래서 여자는 자기도 모르게 기분이 안 좋아지고 언짢아지고 스트레스를 받게 되면, 과거의 상처가 기억나기 시작한다. 특히 남편과 함께 살아온 날이 많으면 함께 겪었던 사건과 사고, 시댁과 친정, 아이들과 연관된 상처가 많다.

여러분도 남편, 아이들, 시댁, 친정에서 받은 스트레스와 상처가 많을 것이다. 그러나 이 상처의 감정에 대하여 남편이나 아들에게 이야기하면 남자는 강한 스트레스가 발생하기 때문에 매우 힘들어한다. 특히 남편이나 아들은 여러분의 상처에 대하여 기억조차 못하는 것이 대부분이다. 그러면 여자는 남편과 아들이 여러분의 상처에 대하여 기억하지 못하는 것에 더 화나고 짜증나고 신경질이 날 수밖에 없다. 마치 남편과 아들이 회피할 목적으로 기억나지 않는다고 거짓말하는 것처럼 느껴질 수 있다. 여러분은 상처의 기억 때문에 힘들고 고통스럽고 아픈데, 남편이나 아들은 과연 여러분에게 관심이나 있는 것인지 의심할 수밖에 없다. 이런 현상이 반복되면 여러분은 남편이 여러분에게 관심이 없다고 생각한다. 그러나 여러분이 생각하는 것과는 다르다. 남편은 여러분에게 관심이 없는 것이 아니다. 다만 남편도 인간이라는 사실을 잊으면 안 된다. 남편은 남자이고 아들도 남자이다. 반면 딸은 여자이고 여러분도 여자이다. 그래서 감정기억의 차이로 인하여 남자와 여자가 감정대립과 감정싸움을 하게 된다.

남자는 여자도 자신과 같이 상처의 감정을 기억하지 않을 것이라고 생각하고, 상처의 감정을 기억하는 여자가 성격이 특별한 것이라 생각한다. 반면 여자는 남자도 자신과 같이 상처의 감정을 잘 기억하고 있을 것이라고 생각하고, 상처의 감정을 기억하지 않는 남자가 성격이 특별하거나 여러분에게 더 이상 관심이 없다고 생각하면서 거짓말만 한다고 생각한다. 그래서 남자와 여자는 서로 자신을 몰라준다고 감정대립과 감정싸움을 할 수밖에 없는 것이다.

감정대립은 곧 감정싸움이 된다. 이럴 경우에는 무조건 남자가 피하는 것이 상책이다. 여자는 상처의 감정을 기억하기 때문에 상처의 감정을 이야기하면 할수록 더욱 많은 상처의 감정을 기억하고 표현한다. 그러면 남자는 스트레스가 점점 더 커지면서 견딜 수 없는 지경에 이른다. 그러니 남자와 여자가 감정대립과 감정싸움을 하게 되면 무조건 남자가 피하는 것이 상책이며, 남자는 스트레스를 없앤 후에 여자의 상처를 어떻게 치료해 줄 것인지 생각하고 실천하는 것이 좋다.

여러분은 어떠한지 생각해 보기 바란다. 여러분도 남편이든 자녀들이든 주변에 누가 되었든 상처의 감정을 기억하고 표현하기 시작하면 그 상처와 관련되어 안 좋았던 감정들이 계속 기억나고 이를 표현한다. 한마디로 상처의 감정을 기억하면 그동안 쌓였던 상처의 감정이 연속적으로 기억난다. 이때 가장 좋은 방법은 상처의 감정을 기억하는 것과 표현하는 것을 멈추는 것이다. 물론 상처의 기억과 표현을 멈추면 치료가 되지 않지만, 상대에게 스트레스를 주지는 않는다.

여자가 상처를 기억하고 표현할 때, 여자입장에서 자신의 상처에 대한 정확한 이해와 여자 자신의 잘못이 아니었다는 것을 확신하게 될 때 상처는 치료된다. 또한 상처가 치료된다는 말은 상처의 감정이 무감정 또는 긍정감정으로 바뀌면서 행복한 감정을 갖게 되는 것이다. 그래서 상처가 많은 사람 또는 마음이 많이 아프고 우울하고 힘들어 하는 사람은 이 상처를 치료하면 행복해질 수 있는 에너지를 갖고 있는 사람이라고 볼 수 있다. 상처의 감정을 무감정 또는 긍정감정으로 바꿔 놓으면 행복해진다.

참고로 저자는 심리치료의 상담할 때 내담자의 상처에 대한 이야기를 잘 듣지 않는다. 상처의 감정을 치료할 때 상처에 대한 이야기를 듣지 않아도 충분히 치료가 가능하다. 그래서 저자는 내담자의 상처에 대하여 들을 필요가 없다. 내담자의 상처나 성(Sex)의 이야기, 설령 성폭력을 당하여 고통이 큰 경우일지라도 어떠한 이야기도 하지 말라고 한다. 상처의 감정은 당사자의 기억이고, 마음에서는 오롯이 자신의 것이니 그냥 기억하고 있으라고 한다. 그런 후 개발한 본능심리이론과 심리유전자이론을 기초로 하여 마음과 심리의 원리만 설명함으로써 어떤 상처의 감정인지 알지 못하더라도 왜 상처의 감정이 작용하는지 알 수 있도록 한다. 이렇게 원리를 이해함으로써 무의식의 작용을 전환하면 상처의 감정이 무감정 또는 긍정감정으로 전환하면서 행복한 마음이 된다. 이것이 바로 무의식 심리치료기법이다.

혹시 여러분 중에 남편외도 또는 본인외도가 발생하여 고통을 겪는 경우, 사랑의 배신과 상처로 어려움을 겪는 경우, 자녀들의 심리장애로 힘든 경우, 여러분의 우울증이나 심리장애로 어려움을 겪는 경우 등과 같이 다양한 심리문제 또는 심리장애로 어려움을 겪고 있다면 저자의 '무의식 심리치료기법'에 의한 상담을 해 볼 것을 권한다. 그러면 어렵지 않게 치료하고 행복하게 살아갈 수 있을 것이다.

참고로 성폭력 피해자인 청소년을 치료한 사례를 들어 보자. 미국의 괌 한인회의 초청을 받아 강연을 갔을 때, 성폭력 피해자인 14살의 여자 청소년에게 세 번의 심리치료를 위한 심리치료교육을 실시하였는데. 이때 자기성결정권과 심리순결에 관련한 심리교육만으로 성폭력 피해자의 심리를 치료했다. 성폭력 피해자의 상처를 굳이 듣지 않았고, 많은 말을 하지도 않았지만, 어렵지 않게 치료할 수 있었다.

또한 여러분은 순결을 알고 있는지 묻고 싶다. 갑자기 성교육으로 전환된 것 같지만, 여성의 상처를 이야기하기 위한 것이다. 아마도 여러분이 알고 있는 순결은 신체의 순결일 것이다. 성관계를 했느냐 안 했느냐를 기준으로 하는 순결이다. 그러나 심리의 순결 즉 마음의 순결은 신체의 순결과는 다르다. 신체의 순결이 있듯이 마음의 순결이 있다는 것은 아는 사람은 거의 없다. 전문가들도 아는 사람이 거의 없기 때문에 어느 성교육에서도 가르쳐 주지 않는다.

이때 신체와 마음은 정반대라고 생각하면 된다. 대부분의 사람들은 순결에 대하여 이야기하면 성관계의 유무로 구분한다. 이처럼 여러분이 알고 있는 순결을 기준으로 이야기하자면 여러분을 비롯하여 자녀를 가진 모든 학부모는 순결하지 않다. 순결하다면 아이들이 태어날 수 없었을 것이다. 결국 모두가 순결하지 않다는 것이다. 그런데 왜 여러분이 다른 사람들이나 아이들 앞에서 당당하고 떳떳한가? 이미 순결을 잃었는데, 순결하지 못한데 왜 당당하고 떳떳할 수 있는가?

이는 바로 마음의 순결 때문이다. 이 마음의 순결을 심리의 순결이라고 말하는데, 심리의 순결은 성(Sex)에 대하여 작용하는 의식과 무의식의 마음을 정확하게 알고, 성(Sex)의 표현인 말과 행동과 표정에 대하여 올바른 판단을 한 후, 성(Sex)의 표현인 말과 행동과 표정에 대하여 책임을 지는 것이다. 이것이 심리의 순결이다. 따라서 심리의 순결은 성관계를 했느냐 하지 않았느냐의 신체 순결이 아니다. 심리의 순결은 성관계에서 자신의 자기성결정권, 판단과 의지, 책임 등을 갖고 있을 때 심리적으로 순결하다고 할 수 있다. 이를 성폭력 피해자에게 자세히 설명하면 위로를 받으면서 치료할 수 있게 되고 눈물을 많이 흘린다. 성폭력은 여자에게 "외상 후 스트레스 장애"를 동반하는 끔찍한 상처이다. 이 상처의 감정을 치료할 때 바로 자기성결정권과 심리순결에 대한 설명을 구체적으로 하면 끔찍한 상처가 치료되는 놀라운 일이 발생한다.

또 한 사례를 보면 모 대학교에서 성심리의 교육을 10회에 걸쳐 실시한 적이 있었다. 이때 성심리의 교육을 받은 학생 중에 성폭력 피해학생이 몇 명 있었는데, 그 피해학생이 누구인지 전혀 모른 채 성심리에 대한 교육만 했다. 성심리의 교육이 5회차를 넘어갈 즈음에 성폭력 피해학생의 심리가 치료가 됐었다는 이야기를 들을 수 있었다. 지금까지도 해당 대학교의 교수님들조차 왜 성폭력 피해학생들의 심리가 치료되었는지를 알지 못한다.

이와 같이 과거 상처의 감정에 대한 이야기를 듣지 않아도 마음과 심리의 원리를 정확히 설명함으로써 자연스럽게 스스로의 마음을 치료할 수 있도록 한다. 이와 같은 심리치료기법을 '무의식 심리치료기법'이라고 하는데, 현재 상처의 감정을 무감정 또는 긍정감정으로 바꾸어서 행복한 마음으로 만들면 자연스럽게 자신 스스로가 치료하는 기법이다. 그러니 왜 과거의 상처에 대한 이야기를 자꾸 반복해야 하고, 들어야 하는가?

이와 같이 상처의 감정을 무감정 또는 긍정감정으로 바꾸는 방법이 감정치료의 힐링이다. 또한 스트레스를 좋은 기분으로 전환하는 방법이 기분전환의 힐링이다. 따라서 기분전환의 힐링과 감정치료의 힐링은 전혀 다르다는 것을 알아야 한다.

요즘 유행하고 있는 힐링의 강연이나 강의를 들어 보면, "남편 또는 아이들과 대화를 해라.", "상대에게 잘해 주면 된다.", "이해하고 배려해라."등과 같은 말을 많이 한다. 이런 말을 유명하고 훌륭한 분들이 이야기하면 여러분은 당연한 것으로 인식하면서 맞는 이야기이고, 좋은 이야기이며, 훌륭한 이야기라고 생각한다. 또한 "함께 같은 목표를 향하여 살아가기 위해 당신이 이렇게 해 주면 분명히 보답이 있을 것이다."라는 말도 한다. 모두가 맞는 말이다.

그런데, 이런 좋은 말과 훌륭한 말을 듣고 난 후 일상으로 돌아오면 어떠한가? 마음과 심리는 이전보다 더 힘들어지면서 견딜 수 없게 된다. 그래서 강연 또는 강의에 대한 내용을 다시 듣기도 하고, 글을 읽기도 하지만, 강연과 강의를 듣기 전보다 더 안 좋아진다. 이는 상담도 마찬가지이다. 상담하면 분명 좋아진 듯 느껴지지만,

상담을 지속하면 할수록 점점 더 마음은 견디기 힘들어지는 현상이 발생한다. 힐링이 아니라 킬링이라 하는 것이 바로 이 때문이다. 결국 현실에서 문제가 해결되지 않으면, 어떤 좋은 말도 최악이 되는 것이다. 좋은 말이 중요한 것이 아니라 해결이 중요하다는 뜻이다. 여러분이 이 책을 읽는 것은 감정치료를 위한 힐링의 방법이며 현실에게 문제를 해결할 수 있는 방법을 알게 되는 것이다.

다시 본 주제로 돌아가 보자. 남편은 여러분에게 관심이 없는 것이 아니다. 관심이 많다. 그러나 여러분은 남편이 여러분에게 더 이상 관심 없다고 생각한다. 이것이 여러분에게 제일 큰 상처가 된다. 그런데 여러분의 남편은 여러분에게 관심이 많지만 여러분이 다르게 생각하고, 다르게 기억하고, 보이는 것만으로 남편은 관심이 없을 것이라고 생각하고 확신하는 것이다.

남자와 여자가 대화의 인식에서 차이가 있고, 결정적으로 남자는 상처의 감정을 기억하지 못한다. 여러분의 남편과 아들이 상처를 기억하지 못할 때, 여러분이 상처의 감정을 기억한다면, 남편과 아들도 분명히 잘 기억하고 있을 것이라 생각한다. 여러분과 함께 겪었으니 인간이면 당연히 기억할 것이라고 생각한다. 그래서 상처의 감정을 치료하기 위하여 남편과 아들에게 상처의 감정을 표현했지만, 남편과 아들은 강한 스트레스를 받으니 이를 거부하고 회피하면서 여러분의 상처는 치료되지 못한 채 억압하고 쌓아 두면서 참고 인내하며 살게 되는 것이다. 이로 인하여 여러분이 힘들 때 회피하였으니, 남편은 여러분에게 더 이상은 관심이 없다고 생각하고 확신하는 것이다.

그러나 실제는 그렇지 않다. 여러분과 딸과 어머니는 여자이고, 남편과 아들과 아버지는 남자라는 것을 알아야 한다. 그리고 대화 인식의 차이를 갖고 있다는 것, 감정기억을 다르게 하고 있다는 것, 남자와 여자의 마음이 다르게 작용한다는 것을 알아야 한다. 지금까지 여러분은 이 마음과 심리의 원리를 생각해 본 적이 없기 때문에 사실이 아닌 것을 오해하여 생각하고 확신하면서 상처받고 아프고 힘들었던 것이다. 한 번이라도 곰곰이 생각해 보길 바란다.

3) 심리작용의 차이

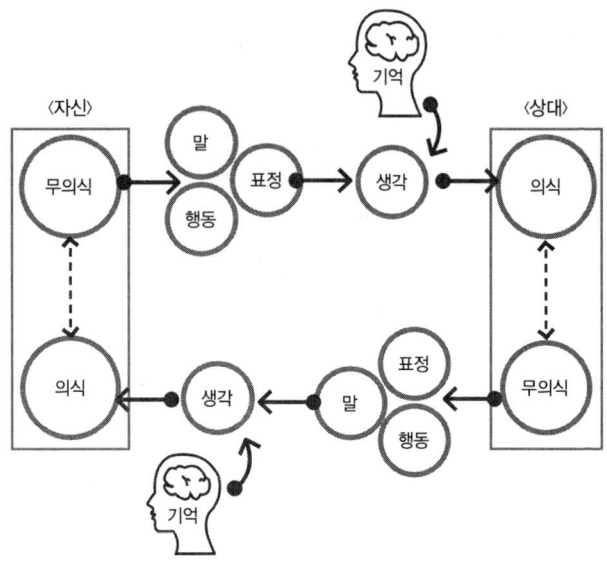

 감정대립과 감정싸움의 세 번째 원인은 서로 마음을 주고받을 때 의식과 무의식이 다르게 작용하기 때문에 발생한다. 외부의 정보를 마음으로 받아들여 인식할 때는 의식이 작용하고, 마음을 외부로 표현할 때는 무의식이 작용한다. 누구이든 자신의 마음을 상대에게 표현할 때는 무의식으로 하고, 이를 받아들이는 상대는 의식으로 하기 때문에 좋을 때는 별 문제가 없지만, 감정이 좋지 않을 때는 감정대립과 감정싸움이 발생한다.

이와 같은 심리의 작용은 인간관계에서는 반드시 필요하다. 인간관계에서 발생하는 심리작용의 오류는 인간이라면 누구에게나 당연하다. 여러분도 남편도 아이들도 부모님도 주변의 모든 사람들도 이 심리의 작용을 이해하지 못하기 때문에 상대를 이해하지 못하면서 발생하는 오해로 인하여 감정대립과 감정싸움이 발생하는데, 이는 전체 감정대립과 감정싸움의 약 80%를 차지할 만큼 매우 흔하게 발생한다.

서로 심리가 작용할 때, 자신은 무의식으로 감정을 표현하지만 상대는 이를 의식으로 받아들인다. 반면 상대는 의식으로 상대의 표현을 받아들이고 다시 무의식으로 감정을 표현한다. 이것을 심리작용이라 한다. 이와 같은 심리작용은 사랑하는 사이, 가까운 사이일수록 더욱 뚜렷하다. 여러분에게 사랑하는 사이 또는 가까운 사이가 누구인지 생각해 보고 그들과 감정대립과 감정싸움이 얼마나 빈번하게 발생하는지 생각해 보시면 이해하기 쉽다.

자신이 무의식으로 말과 행동과 표정을 통하여 상대에게 감정을 표현하면, 상대는 생각을 통하여 의식으로 받아들여서 상대가 자신에게 일부러 또는 의도적으로 표현한 것이라고 생각한다. 반면 상대도 무의식으로 말과 행동과 표정을 통하여 감정을 표현하면, 자신도 생각을 통하여 의식으로 받아들이기 때문에, 상대가 자신에게 일부러 또는 의도적으로 표현한 것이라고 생각한다. 그래서 서로의 관계에서 감정대립과 감정싸움이 발생하면 서로 상대의 탓이라고 한다. 이는 서로를 탓하게 만드는 주요원인이다.

상대는 무의식으로 표현하여 생각도 의도도 하지 않았지만, 자신이 생각해 볼 때는 분명 표현한 것을 생각으로 느꼈기 때문에 상대가 의도했을 것이라고 생각하고 확신한다. 자신이 했던 말과 행동과 표정은 무의식으로 하면서 생각하지 않았으니 기억하는 것은 불과 10%도 채 되지 않고, 상대가 했던 말과 행동과 표정은 생각으로 받아들였으니 90% 이상 기억하기 때문에 모든 문제의 원인은 상대에게 있다고 생각한다. 이 또한 상대가 의도한 것이 아니지만 상대가 의도했다고 생각한다.

이러한 인간관계는 사랑하는 사람, 친밀한 사람, 오래된 편안한 사람과의 인간관계라고 할 수 있다. 부부관계, 부모자식관계, 형제자매관계, 가족관계, 친한 친구관계 등과 같이 오래도록 친밀한 관계에 있는 사람들은 대부분 이런 현상이 발생한다. 따라서 감정대립과 감정싸움이 자주 발생할 수밖에 없다. 이는 사랑하는 인간관계 또는 친밀한 인간관계가 아니면 잘 발생하지 않는다.

친밀한 인간관계에서는 표현할 때 무의식에 의하여 말과 행동과 표정으로 상대에게 표현한다. 그러면 상대는 생각으로 인식하면서 의식으로 받아들인다. 그리고 다시 상대는 무의식에 의하여 말과 행동과 표정으로 표현하면, 생각으로 인식하면서 의식으로 받아들이는 일련의 순환구조를 갖게 된다. 이러한 현상은 사랑하는 관계, 오래된 친한 관계에서 당연히 나타날 수밖에 없다.

친밀한 인간관계의 순환구조를 보면 좋은 표현은 그렇게 문제되지 않지만 좋지 않고 기분이 나쁜 표현은 문제가 된다. 표현은 무의식으로 하고 인식은 의식으로 하기 때문에 상대의 표현은 상대의 무의식으로 하지만, 이를 의식으로 받아들이면서 의도적으로 했다고 오해한다. 또한 이런 현상은 자신과 상대 모두에게 발생하면서 서로 상대를 탓하게 되는 원인이다. 즉, 친밀한 인간관계이기 때문에 나타나는 현상인데, 이 원리를 정확히 알지 못하기 때문에 상대와 감정대립과 감정싸움을 하고, 모든 잘못의 원인이 상대에게 있다고 서로 생각하고 확신하면서 오해와 갈등이 생길 수밖에 없다.

이와 같이 인식할 때와 표현할 때는 사실과 다르게 왜곡되는 오류가 발생하는데, 이는 표현하는 것과 인식하는 것이 다르기 때문이다. 그래서 받아들이는 생각이 왜곡하고 오해하는 것이다. 상대의 표현을 인식하면서 당연히 생각하게 되니 확신할 수 있지만, 상대의 표현은 의식이 아니라 무의식이라는 것을 모르기 때문에 오해하는 것이다. 따라서 친밀한 인관관계에서는 상대에 대한 좋지 않은 감정을 생각할 경우 90% 이상은 왜곡되어 생각하면서 오해와 갈등이 생긴다. 상대의 진실과는 관계없이 자신의 왜곡된 생각으로 오해하고 갈등을 갖게 될 확률이 90% 이상이라는 것이다. 따라서 자신이 생각하는 상대에 대한 나쁜 감정은 잘못되고 오해하는 것일 수 있다고 생각해야 한다.

여러분의 마음이 안 좋을 때는 말과 행동과 표정을 무의식으로 표현한다. 이때 무의식으로 한 말과 행동과 표정을 대부분 기억하지 못한다. 무의식으로 표현한 것은 생각을 하지 않았기 때문에 기억을 할 수 없다. 이로 인하여 자신이 한 말과 행동과 표정을 기억하는 것은 불과 10%도 채 되지 않는다. 반면 상대는 내가 했던 말과 행동과 표정에 대해서는 의식으로 받아들여 생각하기 때문에 90% 이상을 기억한다.

이렇게 서로의 마음이 작용되면 오해와 갈등이 발생한다. 그러면 여러분 자신이 기억하는 것은 무엇인가? 자신이 한 말과 행동과 표정을 기억하는 것은 10% 미만이고, 상대가 한 말과 행동과 표정을 기억하는 것은 90% 이상이다. 이는 상대도 마찬가지이다. 상대는 자신이 한 말과 행동과 표정에 대해서는 10% 미만을 기억하고, 내가 했던 말과 행동과 표정에 대해서는 90% 이상을 기억한다.

그러면 여러분과 상대가 서로 감정대립과 감정싸움을 하게 된다면 누가 문제라고 생각하는가? 여러분의 잘못인가? 아니면 상대의 잘못인가?

여러분이 생각할 때는 상대가 잘못했다고 느낄 수밖에 없다. 감정에 문제가 생기면 무조건 상대의 잘못이 되는 것이다. 나의 잘못은 10% 미만이지만 상대의 잘못은 90% 이상이기 때문이다. 그러면 상대의 입장에서 한 번 살펴보아야 한다. 상대는 자신이 말과 행동과 표정으로 표현한 것은 10% 미만을 기억하는 반면 여러분이 한 말과 행동과 표정은 90% 이상을 기억하기 때문에 상대도 '내 잘못은 10% 미만이지만 너의 잘못이 90% 이상이다.'라고 생각하게 된다. 그러면서 말한다. "당신도 이랬잖아."라고 하면서 자신이 했던 말과 행동과 표정은 10% 미만으로 기억하는 반면 상대가 했던 말과 행동과 표정은 90% 이상을 기억하고 이야기한다.

이는 인간이라면 누구에게나 똑같이 발생한다. 이러한 오해와 갈등과 시행착오는 인간이기 때문에 갖게 되는 위대한 능력이기도 하다. 상처를 치료하고 사랑하고 그러면서 스트레스를 힐링하고 행복하게 살아 갈 수 있는 원동력이 되기도 한다. 그러나 감정에 문제가 발생하게 될 때는 이 마음과 심리의 원리를 모르면 스트레스와 상처 때문에 고통을 받게 된다.

만일 여러분의 자녀들이 학교에서 성적을 잘 받아 왔다고 가정해 보자. 그러면 여러분이 기분 좋을 때는 맛있는 음식도 해 주고, 좋은 것을 해 주고 싶어진다. 반면 여러분의 기분이 안 좋을 때는 어떠한가? "너의 친구는 100점을 맞았는데 똑같이 공부해 놓고 왜 이것밖에 안 되느냐, 내가 얼마나 잘했는데 이 정도뿐이냐. 누구 닮아서 그러느냐."등과 같은 말을 하면서 더욱 기분이 나빠진다. 당연히 아이는 혼나면서 억울해한다.

이와 같이 여러분의 기분이 더 나빠진 원인은 어디에 있는가? 아이가 성적을 나쁘게 받은 것 때문은 아니다. 무엇인지는 모르겠지만 다른 상황에서 여러분이 기분 나쁜 일이 있었을 때, 그 나쁜 기분이 원인이 되어 자신도 모르게 아이에게 말과 행동과 표정으로 표현한 것이다. 특히 여러분이 표현할 때 짜증내고 화내고 신경질을 내면서 했던 말과 행동과 표정은 모두 마찬가지이다. 그런데 여러분이 이런 상황에서 아이들에게 표현했던 말과 행동과 표정을 얼마나 기억하는지 생각해 보아야 한다. 분명 여러분이 기분 나빴을 때 했던 말과 행동과 표정은 불과 몇 개만 기억한다. 어쩌면 하나도 기억하지 못할 수도 있다. 자신이 했던 말과 행동과 표정은 10% 미만밖에 기억을 못한다는 것이다. 반면 여러분이 했던 말과 행동과 표정에 대해 남편 또는 아이들은 90% 이상을 기억한다.

여러분의 부모님은 어떠했을 것이라 생각하는가? 여러분이 성장하면서 부모님으로부터 받았던 상처와 스트레스를 생각해 보길 바란다. 여러분은 지금도 그때 당시의 상처와 스트레스를 생각하면서 부모님과 갈등을 겪고 있지는 않은가? 그렇다면 부모님은 여러분에게 말과 행동과 표정으로 표현했던 여러분의 상처와 스트레스를 얼마나 기억하고 있을까? 과거에 부모님은 자신들이 했던 말과 행동과 표정을 불과 10% 미만을 기억한다. 어쩌면 기억조차 못하고 있을 수도 있다. 반면 여러분은 부모님들이 했던 말과 행동과 표정을 90% 이상 기억한다. 그래서 서로 오해하게 되었고, 갈등이 해결되지 못한 채 지금까지도 계속 작용하는 것이다. 여러분도 그랬듯이 여러분의 아이들도 똑같이 그렇게 성장하고 있다.
　그래서 여러분의 감정에 관계없이 환하게 웃기를 바란다. 그러면 여러분도 남편도 아이들도 변화한다. 환하게 마음껏 미소를 짓고 웃는 표정으로 보내도록 해 보라.

　이와 같은 오해와 갈등이 생기는 것은 바로 심리작용의 오류로 인하여 생기는 것이 대부분이다. 여러분 자신이 상대에 대하여 생각하는 것이 맞을 확률은 얼마나 되겠는가? 의식에서 생각하는 것이 여러분의 생각이기 때문에 '나한테 이랬으니 분명 나에 대하여 이렇게 생각하고 의도했을 것이다.'라고 생각한다. 여러분이 이렇게 생각하는 것이 맞을 확률은 다양한 심리의 오류를 계산해 보면 1%도 채 안 된다. '저 사람은 틀림없이 이런 감정일 거야.', '저 사람은 틀림없이 이렇게 생각할 거야.', '내 아이는 틀림없이 나한테 이렇게 생각할 거야.'라고 확신하는 것이 맞을 확률은 1%도 안 된다는 뜻이다.

여러분은 놀랐을 것이다. "내가 생각하는 것이 틀릴 수도 있다는 얘기네. 그럼 내 생각이 99% 이상 틀릴 수 있다는 말인데, 설마…" 라고 생각할 수 있다. 그러나 이는 사실이고 맞다. 따라서 여러분은 상대인 남편 또는 아이들의 이야기를 처음부터 끝까지를 들어 봐야 한다. 그러나 대부분은 들을 필요도 없다고 생각한다. 왜냐면 여러분이 상대의 말과 행동과 표정을 직접 들었고 보았기 때문에 여러분 자신의 다섯 개 감각기관을 통해서 생각으로 들어 왔고 느꼈으니 여러분이 보고 듣고 느낀 것이 확실한데, 다시 보고 말고 할 것도 없다고 일방적으로 생각하게 되는 것이다.

이렇게 확신할 때 결정적인 것이 빠져 있다. 여러분은 의식으로 생각하지만, 상대는 무의식으로 생각 없이 말과 행동과 표정으로 표현했다는 것이다. 특히 사랑하는 사이 또는 친밀한 사이에서는 생각 없이 말과 행동과 표정으로 표현하는 경우가 더 빈번하다. 결국은 여러분이 이렇게 확신을 한다는 것은 상대가 바로 여러분을 사랑하거나 친밀한 사람으로 인식한다는 것이다.

그러나 모든 사람들은 그렇게 생각하지 않는다. 사랑하면 좋아하고 예뻐하고 좋은 말만 하는 것이 아니다. 인간은 마음과 심리가 힘들어지고, 스트레스를 받거나 상처를 받게 되면 이를 제거하거나 치료하려고 한다. 남자가 스트레스를 받으면 스트레스를 제거하려고 무의식이 작용하고, 여자가 상처를 받으면 자신의 상처를 치료하려고 무의식이 작용한다. 이때 무의식이 작용하면서 자신도 모르게 생각하지도 않은 채 말과 행동과 표정으로 표현하게 된다.

만일 엄마가 자녀들에게 화내고 짜증내고 신경질을 내고 욕을 한다고 하자. 그러면 자녀들은 스트레스 또는 상처로 인하여 견디지 못한다. 아들은 스트레스를 해소하여 제거하기 위하여, 딸은 상처받은 것을 치료하려고 한다. 무의식으로 생각 없이 말과 행동과 표정으로 표현한다. 최악의 경우에는 엄마에게 폭언 또는 폭력을 행사하기 하고, 집을 뛰쳐나가기도 한다. 이렇게 집을 나간 아이들이 나가서 무엇을 하겠는가? 아들과 딸이 집밖으로 뛰쳐나가면 무엇을 할 것 같은가? 그리고 왜 아이들이 집을 뛰쳐나갔을까? 또한 이 모든 상황이 엄마의 잘못인가? 아니면 아이들의 잘못인가? 누구의 잘못도 아니다. 다만 인간의 마음과 심리가 작용하는 원리를 몰랐기 때문에 발생한 것이다. 요즈음 TV에 많이 나오는 이야기들이 바로 여러분의 일인 것임을 알아야 한다. 그 아이들이 왜 집을 나갔는지 본질을 정확히 알아야 한다.

사례를 들어 보자. 예전에 청소년을 상대로 강의할 때, 한 여학생이 "엄마 때문에 못 살겠어요. 맨날 잔소리하고 신경질내고 화내고 욕하면서 너무 괴롭힙니다. 정말 죽을 것 같아요. 그래서 집을 나가면 어른들은 엄마가 저를 사랑하기 때문에 그런다고 하는데, 그러면 더 화나요. 듣고 싶지도 않고, 내 편은 아무도 없다고 생각해요."라고 하소연을 했다. 이 말과 함께 다른 여학생들도 똑같다면서 이구동성으로 말하는 것을 들었다.

그때 이렇게 마음과 심리의 원리에 대하여 말한다. "엄마가 상처가 많아서 그런 것입니다. 엄마는 여자이기 때문에 자신의 상처를 치료하려는 무의식이 작용하는데, 사랑하는 사람에게서 치료를 하려고 합니다. 그런데 엄마로서는 사랑하는 아빠가 이야기를 안 들어 주기 때문에 아빠에게서 치료가 되지 않을 수 있습니다. 그러다 보니 엄마가 아빠 이외에 제일 사랑하는 사람이 누구겠습니까? 바로 여러분입니다. 그래서 엄마는 사랑하는 자식들인 여러분에게 치료 받기를 원합니다. 엄마를 알아 달라고, 엄마가 얼마나 아프고 힘들게 살고 있는지를 알아 달라고 말과 행동과 표정으로 표현하는 것입니다. 엄마는 자신도 모르게 무의식으로 생각하지 않고 표현합니다. 왜? 자식인 여러분을 사랑하기 때문입니다. 어느 누구에게도 말을 못하니까요. 그런데 자식인 여러분은 어떤가요? 여러분은 엄마의 표현을 엄마가 생각하고 의도적으로 여러분에게 한 것이라고 생각하고 확신하게 됩니다. 그러면서 엄마는 여러분을 제일 싫어하고 미워한다고 생각하고 확신합니다. 이 얼마나 끔찍한 일입니까? 사랑하는 사이끼리 말입니다."

이렇게 이야기하면 청소년들의 생각이 많이 달라진다. 그래서 "이 이야기를 엄마에게 설명 드려 보십시오."하고 말하기도 하고, 엄마를 모시고 오도록 하여 이 마음과 심리의 원리를 어머니에게 설명해 드리면, 그 어머니는 대성통곡을 한다. 곁에 있던 자식들도 마찬가지이다. 여러분은 아이들과 어떠한지 생각해 보기 바란다. 또한, 여러분과 여러분의 부모님은 어땠는지 생각해 보기 바란다.

여러분과 부모님의 관계가 그랬듯이 여러분과 자녀들의 관계도 그렇고, 여러분과 남편의 관계도 마찬가지이다. 사랑하는 사이끼리 마음과 심리가 작용하는 원리를 알지 못하기 때문에 서로 오해하고 오랜 세월을 갈등하고 대립하면서 싸우게 된다. 서로 사랑하는 것이 분명하기 때문이다.

이때 어머니의 상처를 무감정 또는 좋은 감정으로 바꾸면 어머니의 마음이 치료되면서 행복한 마음으로 바뀐다. 그러면 아이들이 집을 나갈 이유가 없어진다. 그 후 아이들은 말한다. "우리 엄마, 아빠가 최고!!!"라고 말이다. 이것이 가능한 이유는 바로 부모자식, 부부, 형제자매 등과 같이 사랑하는 인간관계가 기본적으로 형성되어 있기 때문이다. 이렇게 감정대립과 감정싸움이 많은 가정은 절대 문제가 있는 가정이 아니다. 서로 마음과 심리의 원리를 몰랐을 뿐이다. 원리를 알지 못하기 때문에 서로 싸우고 갈등하면서 오랜 세월

동안 서로에게 상처를 주고받으면서 살았던 것이다. 이 얼마나 안타까운가? 마음과 심리의 원리를 몰랐을 뿐인데, 그 대가가 너무 크다. 아무도 가르쳐 주지 않아 몰랐던 것이니 누구의 잘못도 아니다. 그러나 모른 것치고는 너무도 슬픈 일이 아닐 수 없다.

여러분이 아이들 또는 남편에게 화를 내고 있다면, 그 화의 원인은 대부분 남편과 아이의 잘못이 아니다. 또한 여러분의 잘못도 아니다. 여러분이 보고 들을 때는 분명 아이들 또는 남편의 잘못이 맞지만, 그것이 맞을 확률은 10%도 채 안 된다. 90% 이상은 여러분이 잘못 알고 오해하는 것일 수 있다고 생각하고, 상황과 사실을 정확히 알아야 한다. 이를 위하여 표정을 미소와 웃음을 갖도록 해 보라. 그러면 놀랍게도 잘못 또는 문제라고 생각한 것에 대하여 정확한 상황과 사실을 알게 되고, 잘못 또는 문제가 어렵지 않게 해결된다.

여러분은 자신이 힘들고 아프고 슬픈 마음을 누군가에게 표현할 때, 여러분이 진정으로 원하는 것은 무엇인가?

여러분이 친구를 만났을 때 짜증나고 화나고 신경질이 날 수 있다. 친구의 값비싼 옷과 가방을 갖고 있을 때, 아이들의 교육을 위하여 학원을 어떻게 보내고 있다는 등의 이야기로 인하여 자신은 돈도 없고 뭐도 없어서 아무것도 못하겠다는 생각을 할 때 자주 발생할 수 있는 현상이다. 이런 날은 누가 힘들어지는가? 남편이 열심히 일하고 집에 들어오는 그 순간, 남편은 여러분의 표정이 이상하다고 생각하면서 '오늘 무슨 일이 있구나.'라고 생각하고 슬슬 여러분의 눈치를 본다. 그러면 여러분은 그런 남편이 더 미워진다. 집안의 분위기가 매우 이상해진다. 그러다가 남편에게 늘 했던 이야기 중에 신발을 똑 바로 놓으라는 말을 많이 했었는데, 하필 그날 남편이 신발을 조금 잘못 놓았다고 하면, 그날 남편은 고작 신발을 잘못 놓았다는 것 때문에 여러분으로부터 엄청난 스트레스를 받는다. 여러분은 남편에게 화풀이를 하게 되는 것이다. 화풀이의 원인은 남편이 신발을 잘못 놓은 것이다. 여러분이 화를 낼 때, 그래도 남편이 능청스럽게 웃으면서 "에이, 또 왜 이래."라고 하면서 이야기하면, 여러분은 "누구네 집은 어떻고…"라는 말을 하게 된다. 이때 남편이 "그래도 우린 이렇게 잘 살고 있잖아. 당신이 얼마나 잘해 왔는데, 화 풀어."라고 하면서 이런 저런 이야기를 하면 여러분은 비로소 위안이 되고 화를 풀게 되면서 넘어갈 수 있게 된다. 그러나 남편이 그렇게 하지 않으면 그날은 화풀이의 대상이 남편에게서 아이들에게까지 영향을 미치게 된다. 아마도 경험이 많을 것이다.

또 한 사례를 들어 보자. 저자는 식당을 가면 신경 쓰이는 것이 많다. 식당에 가면 가족끼리 오는 경우가 많은데, 그 가족이 하는 말과 행동과 표정을 보면 신기하게도 그 가족이 어떻게 살아가고 있는지 알 수 있다. 어떤 부부나 어떤 가족이 매우 화목해 보이면 여러분이 보기에도 많이 부러울 것이다. 그런데 저자가 볼 때는 '몇 년 후에는 나에게 상담받기 위하여 올 수 있겠구나.'라는 생각을 한다. 그러면 나와 함께 있던 분들이 "식사나 합시다. 왜 매번 직업의식이 발동하면 어떻게 합니까?"라고 한소리 한다. 저자는 화목해 보이는 가족들이 서로 표현하는 말과 행동과 표정은 무의식으로 작용하기 때문에 서로 사랑하는 그들의 표현을 보면 오해와 갈등이 어떻게 형성되는지 알 수 있기 때문에 보이지 않는 갈등과 대립이 저절로 분석된다.

여러분은 마음과 심리가 작용하는 원리를 알아야 한다. 원리를 정확히 알면 상처와 스트레스가 생기지 않는다. 그러면 힘들고 아프고 슬프지 않다. 원리를 정확히 알면 여러분에게 상처가 생기지 않고 저절로 힐링된다.

여러분의 아이들을 한번 보라. 아이들이 여러분에게 "엄마 짜증나. 맨날 나한테만 화내고 그래. 내가 뭘 잘못했다고 맨날 화내기만 해."라고 짜증낸다면, 아이들이 왜 여러분에게 그렇게 표현한다고 생각하는가? 왜 아이가 엄마한테 짜증을 낸다고 생각하는가? 이는 아이들이 엄마를 사랑하기 때문이다. 여러분이 그렇듯이 아이들도 그렇다. 여러분이 밖에서 안 좋은 일 또는 기분 나쁜 일이 생기면 아이들 또는 남편에게 화내는 것과 같은 원리이다. 바로 사랑하기 때문이다.

이와 같이 서로 사랑하는데 왜 서로에게 화내고 짜증내야 하는지 그 원인을 알고 싶으면 이 심리의 원리에 대한 그림을 그려 놓고 자신의 말과 행동과 표정을 넣고, 아이 또는 남편의 말과 행동과 표정을 넣어서 해석해 보라. 그러면 놀랍게도 화가 나지 않는다. 이것이 바로 마음에 대한 이해이다.

이해는 자신이 생각할 때 '분명히 이럴 것이다.'라고 생각하는 것이 아니다. 이해는 본질과 진실을 정확히 아는 것이다. 그래서 인간의 마음과 심리가 작용하는 원리를 정확히 하는 것이 이해이다. 이처럼 여러분이 이해를 하면 여러분에게는 상처와 스트레스가 생기지 않는다. 마음의 본질과 진실을 정확히 알면 상처가 생기지 않는다. 또한 본질과 진실을 정확히 알고 이해한 후, 상대가 편안하고 행복하게 느낄 수 있도록 상대의 본질과 진실에 맞도록 베풀어 주는 말과 행동과 표정의 표현으로 실천하는 것을 배려라고 한다.

지금까지 여러분이 알고 있는 이해와 배려는 잘못된 개념이다. 자신이 생각하여 이해하는 것은 이해가 아니고, 자신이 생각하고 행동한 것은 배려가 아니다. 올바른 이해와 배려를 사랑이라고 한다. 그래서 여러분은 사랑을 하면 된다. 지금부터 아이와 남편에게 이 책의 내용대로 그림을 그려 보고 말과 행동과 표정을 그대로 넣은 후 해석을 해 보라. 그러면 재미있고 놀라운 사실을 알게 된다. 여러분의 남편과 아이들과 부모님과 시어머니 그리고 여러분의 가족 모두 그림에 한번 넣어 놓고 분석해 보라. 놀랍게도 모든 사람들이 여러분에게 많은 관심을 갖고 있는 친밀한 사이 또는 사랑하는 사이라는 것을 알게 된다.

이처럼 왜 사랑하는 사이끼리 그렇게 대립하고 싸우면서 갈등을 갖고 살아가고 있는지 생각해야 한다. 인간의 마음과 심리에 대한 원리를 전혀 모르기 때문임을 알 수 있다. 정확히 알면 이해가 되고, 이해가 되면 나에게는 상처가 안 생긴다. 그래서 여러분에게 '기분 나쁜 일이 생겼다.', '상처가 생겼다.', '스트레스가 생긴다.'라고 하면, 그림을 놓고 그림 위에 여러분과 상대의 말과 행동과 표정을 놓아 보면 놀랍게도 힐링이 된다. 이는 감정치료의 힐링이 되기 때문에 여러분에게 매우 중요하다.

이와 같은 마음과 심리의 원리에 의하여 심리상담도 똑같이 진행한다. 내담자에게 마음과 심리의 원리를 정확하게 알려 주면 된다. 그러면 내담자는 스스로가 감정치료의 힐링을 한다. 즉 상처의 감정을 무감정 또는 좋은 감정으로 바꾼다. 이것이 심리치료이다. 따라서 상담을 할 때는 내담자의 과거, 상처, 원가정, 성장과정의 이야기를 안 듣고 분석하지 않는다고 말하는 것이다. 상담을 하러 왔다는 것은 당연히 마음의 상처로 인하여 마음이 힘들고 고통스럽고 슬퍼서 왔을 것이니 이 상처의 감정을 무감정 또는 좋은 감정으로 전환하면 된다. 특히 저자가 "외상 후 스트레스 장애"를 많이 상담하는 것은 내담자가 워낙 고통스럽고 죽음을 넘나드는 심리장애고 고통을 받기 때문이다. 이 "외상 후 스트레스 장애"를 죽음의 고통이라고 우리가 표현하는데 저자는 이러한 심리장애만 주로 상담한다. 감정치료의 힐링이 워낙 시급하기 때문이다.

또한 우울증도 치료의 원리는 똑같다. 여러분이 아프고 힘들고 짜증나고 신경질이 날 때, 사랑하는 사람에게 표현하지 않기를 바란다. 이럴 때는 설명해 드린 그림을 그려 놓고 거기에 여러분과 상대의 말과 행동과 표정을 얹혀 보기 바란다. 그러면 여러분의 상처를 정확히 볼 수 있고, 마음이 안 아프게 된다. 여러분이 얼마나 잘 살아왔는지, 여러분이 남편을 위해서 여러분 자신을 위해서 그리고 아이들을 위해서 사랑하면서 얼마나 잘 살고 있는지를 알게 된다.

참고로 이혼한 부부들은 불쌍하고 안타깝다. 물론 이혼해야만 행복하게 살아가는 경우도 있지만, 대부분의 이혼한 부부는 이혼하지 말아야 하는 부부가 훨씬 많다. 이 책을 읽는 분 중에도 이혼하신 분도 있을 것이다. 이혼을 한 경우는 대부분 서로 마음과 심리의 원리를 알지 못한 채 감정대립과 감정싸움으로 인한 오해와 갈등이 심화되면서 '성격차이'로 이혼을 선택한다. 마음과 심리의 원리를 알지 못한 대가로는 참으로 가혹하다고 볼 수 있다. 서로 깊이 사랑하고 있기 때문에 감정대립과 감정싸움이 지속되고, 이를 견디지 못하여 이혼한다는 것은 말도 안 된다. 심리와 마음의 원리를 알았더라면 이혼을 막을 수 있었을 것이다.

설령 이혼을 했다고 하더라도 지금이라도 마음과 심리의 원리를 정확하게 알아야 한다. 정확히 알면 불쌍해지지 않는다. 그러나 모르면 불쌍해진다. 이혼한 부부는 성격차이가 많다. 성격차이로 서로 사랑하고 결혼하고 아이를 키웠다. 남자와 여자의 마음이 전혀 다르기 때문에 당연히 성격도 전혀 다르고 서로 끌리는 것이다. 그런데 잘못 또는 문제가 생기게 되면 감정대립과 감정싸움을 하고, 서로를 오해하면서 갈등이 깊어지게 되니 정반대의 성격이 서로 상대를 공격하게 된다. 한 명은 스트레스를 제거하려고 하고, 한 명은 상처를 치료하려 하다 보니 사랑하는 상대끼리 스트레스와 상처를 주고받는 것이다. 자신이 갖고 있는 가장 큰 장점으로 상대를 공격하게 되면 상대는 못 견딘다. 이는 서로 마찬가지이다. 그래서 서로 스트레스와 상처를 주고받는다. 이를 흔히 성격차이라고 한다. 따라서 성격차이가 좋게 작용하면 사랑하고 결혼하여 행복하게 살기도 하지만, 성격차이가 좋지 않게 작용하면 오해와 갈등을 겪게 되고 최악에서는 이혼을 한다.

그렇다면 상대의 성격이 괜찮아지도록 노력하고, 서로 성격을 맞춰 보고, 서로가 사랑하는 감정을 다시 만들면 될 것인데, 왜 이혼을 할까? 깊이 사랑하는 관계이면서 오랜 연애와 결혼생활을 하면서 성격차이로 살았던 인생이 아깝지도 않은가? 성격차이로 이혼하기 전에 성격차이로 좋은 작용을 할 수 있도록 노력해 보는 것이 현명한 선택일 것이다. 따라서 이혼은 최후의 선택이 되어야만 한다. 마음과 심리의 원리를 정확히 알고 이해와 배려를 하면서 자신이 할 만큼 다 해 본 후 맨 마지막에 이혼을 선택해도 늦지 않다. 그러나 대부분은 자신의 생각과 실천을 이해와 배려라고 생각하고, 해 볼 만큼 다 해 보았다고 하면서 이혼을 선택하니 너무도 안타까운 것이고, 불쌍한 인생이 되는 것이다. 마음과 심리의 원리를 전혀 알지 못하는데 어떻게 이해하고 배려를 할 수 있겠는가?

서로 사랑하는데 왜 헤어지는가? '사랑하고 있지만 피치 못할 사정에 의해서 어쩔 수 없었다.', '사랑하기 때문에 이혼했다.'는 말은 웃기는 변명일 뿐이다.

여러분은 이제 아이들과 남편의 말과 행동 그리고 표정이 중요하지 않다. 여러분이 조금이라도 답답하고 힘들어지고 우울해지거나 또는 신경질 나거나 짜증이 난다면 그림을 그려 놓고 그 위에 모든 말과 행동과 표정을 놓아 보자. 재밌는 현상이 나타나면서 자신과 상대의 마음과 심리가 분석된다.

간혹 여러분 자신만 빼고 모든 사람들이 화목하고 행복하게 사는 것처럼 보일 수도 있다. 그런데 그들과 몸과 마음을 함께 작용하고 사랑하면서 살아 보았는가? 사랑하는 관계로서 인식은 의식으로 하고, 표현은 무의식으로 해 보았는가? 이처럼 그렇게 행복해 보이는 사람들도 실체를 보면 행복하지 않을 확률이 매우 높다. 그들도 마음과 심리의 원리를 모르는데 어떻게 행복할 수 있겠는가? 원리를 모르면 이해를 할 수가 없는데 어떻게 행복하겠는가? 그저 상처를 끌어안고 참고 견디고 인내하면서 행복한 모습을 겉으로만 보여 주며 살아가는 것이다.

특히 제일 안타깝고 불행한 인생을 사는 여자는 "인생 뭐 있어, 즐기면서 사는 거지.", "재밌게 살자.", "왜 그렇게 힘들게 사니? 너도 즐기면서 살도록 해."라고 말하면서 재미와 즐거움을 추구하면서 살아가는 경우이다. 이런 여자의 경우는 상처가 깊다 못해서 급기야 '상처의 해리현상'즉 상처의 감정을 기억하지 못하는 현상이 나타났기 때문이고, 우리는 이를 심리장애라고 하며, '감정의 해리현상'이라고 한다.

여자에게 "감정의 해리현상"은 감정은 사라지고 좋은 기분에 의하여 즐겁고 재미있는 것만 추구하면서 살아가는 것으로 최악의 인생을 살게 된다. 이러한 여자는 모성애가 사라지고, 자신의 몸과 마음과 섹스에서 재미와 즐거움만 추구하는 인생을 살게 되면서 사랑과 행복은 사실상 불가능해진다. 결국 자신이 다른 모든 사람들에게 상처를 입히게 되는 원인이 되는 것인데, 심리장애인 여성 당사자는 이를 전혀 알지 못한 채 심리장애로 살아간다.

5
남자의 스트레스와 힐링

여러분의 상처와 힐링을 알아보기 전에 우선 남자의 스트레스와 힐링에 대하여 알아보자.

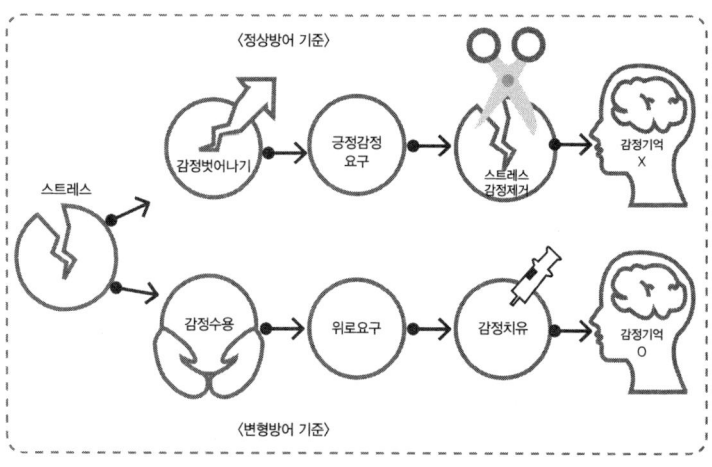

남자는 스트레스가 발생하면 스트레스의 감정을 제거하는 무의식이 작용한다. 남자에게 스트레스가 발생한다는 뜻은 다섯 개의 감각

기관을 통해서 외부의 정보가 인지될 때 나쁜 기분을 유발하기 때문이다. 그러면 이 나쁜 기분에서 벗어나기 위하여 자신도 모르게 무의식이 작용하게 되고, 이는 말과 행동과 표정으로 표현된다. 스트레스가 지속되면 지속되는 만큼 벗어나려는 노력은 더욱 강화되면서 강한 스트레스로 인식되고, 그러면 수단과 방법을 가리지 않고 벗어나려고만 한다. 그렇게 하여 다섯 개의 감각기관에서 느끼는 스트레스로부터 벗어나고 차단함으로써 나쁜 기분에서 벗어난다.

이 나쁜 기분을 느끼는 생각에서 벗어나기 위하여 노력할 때는 무의식이 작용하면서 말과 행동과 표정으로 표현된다. 특히 친한 사람, 사랑하는 사람, 편한 사람인 경우에는 표현을 잘한다. 아무리 참고 견디려고 해도 언젠가는 반드시 스트레스에서 벗어나고 스트레스의 나쁜 기분을 제거해야 한다. 그래서 스트레스를 잘 참고 견디는 남자는 스트레스를 생각하면서 억압하고 있지만, 반드시 언젠가 어디선가 누군가에게 해소한다. 가능하면 사랑하는 사람, 편안한 사람, 친밀한 사람에게 표현하면서 해소한다. 이로 인하여 한 번 나쁜 기분을 갖게 된 남자는 반드시 끝이 좋지 않다. 이것이 스트레스에 대해서 남자는 생각보다 뒤끝이 좋지 않은 이유다. 대체적으로 잘 참고 인내하는 남자가 여기에 해당된다.

정상의 마음과 심리가 작용하는 대부분의 남자는 스트레스에서 벗어날 때 무의식이 작용하면서 말과 행동과 표정으로 표현하기 때문에 뒤끝이 없다. 나쁜 기분인 스트레스를 없앴기 때문이다. 그러나 스트레스를 의식인 생각에 의하여 이성적으로 참으면서 억압하는 남자는 스트레스가 남아 있기 때문에 결코 좋은 것이 아니다. 대부분 친하지 않은 관계, 업무의 관계, 그 이외 자신과 관련 없는 관계 등에 의한 스트레스는 이성적으로 통제하면서 참는 경향이 있다. 이렇게 참은 스트레스의 나쁜 기분은 자신과 친밀하고 편안하게 인식하는 사람들 또는 사랑하는 사람들에게 그 스트레스를 제거하기 위하여 무의식으로 표현한다. 따라서 스트레스의 나쁜 기분이 크면 클수록(사실상 스트레스가 지속되는 시간이 길어질수록 크게 느껴지는데) 스트레스를 벗어나서 제거하려는 무의식의 작용도 매우 강해진다. 그래서 스트레스가 크면 클수록 말과 행동과 표정으로 표현하는 강도가 강해진다.

이렇게 스트레스의 나쁜 기분에서 벗어나면 스트레스의 느낌이 사라진다. 그러면 나쁜 기분인 스트레스를 대신하여 좋은 기분을 받아들이려는 무의식이 작용한다. 이는 자신도 모르게 무의식이 작용하기 때문에 습관적으로 좋은 기분을 받아들이려고 한다. 그래서 자신은 의도하지 않지만 즐겁고 재미있는 것에 몰입한다. 마치 무더울 때 빨리 더운 것에서 벗어나서 시원한 것을 찾는 것과 똑같은 원리라고 생각하면 된다.

좋은 기분에 몰입하고자 할 때, 대부분은 즐겁고 재미있는 것에 몰입한다. 나쁜 기분을 벗어나서 제거할 때의 습관이 강하게 작용될수록 몰입은 커진다. 그래서 스트레스를 벗어나면 즐겁고 재미있는 것에 무조건 빠진다. 이러한 현상이 동일하게 반복적으로 발생하면 중독증이 발생한다. 습관성 중독이 대부분 이런 현상으로 인하여 발생한다. 중독은 스트레스에서 벗어날 때 발생되는 몰입의 힘이고, 이 재미와 즐거움에 대하여 억압과 강박이 작용하면서 몰입의 대상으로 인하여 스트레스가 발생하는 순환구조가 형성되면 중독증이 발생한다.

많은 남자들이 일하면서 스트레스를 많이 받게 되면 바로 집으로 들어가기보다는 어딘가에서 친한 사람들과 함께 스트레스를 해소한 후에 집으로 간다. 어떻게든 스트레스를 없앤 후에 편안한 집으로 향하는 것이다. 물론 스트레스를 해소하는 방법이 왜곡되고 잘못되면 더 큰 문제가 발생하고 가정에 소홀하게 되지만, 이를 제대로 인식하는 남자는 별로 없다. 대부분은 자신의 스트레스를 제거하고 즐거움에 몰입하는 과정이기 때문에 업무관계의 연장선이라고 말하면서 자신을 합리화한다. 따라서 남자는 스트레스를 무의식의 작용으로 제거히기 때문에 나쁜 기분을 기억하지 못하고 스트레스도 기억하지 못한다. 이것이 남자의 정상적인 마음이고 무의식의 작용이다. 이는 나이와는 관계없이 어린이부터 노인에 이르는 모든 남자는 동일하게 작용한다. 그래서 어떠한 스트레스라도 돌아서면 잊어버리는 것도 남자에게 흔히 나타나는 현상이고, 작심삼일도 이로 인하여 발생하는 현상이다.

여러분의 아들과 남편과 아버지는 모두 남자이다. 이때 남자의 스트레스와 힐링은 여러분의 아들과 남편에게 해당되는 것이고, 여러분의 친정아버지와 시아버지에게도 해당되며, 주변의 모든 남자에게 해당되는 내용이다.

아들이 볼 때 엄마의 말과 행동과 표정이 자신에게 나쁜 기분을 느끼도록 인식하면 스트레스를 받는다. 이때 엄마가 어떠한 이야기든 대화하고자 하면 스트레스 받는다. 남자가 스트레스를 받으면 제일 먼저 하는 것이 스트레스로부터 벗어나는 것이다. 남자는 자신이 왜 그런지 모른다. 무의식이 작용하면서 생각도 하지 않았는데 자신도 모르게 말과 행동과 표정으로 표현하면서 벗어나기 때문이다. 일단은 무조건 스트레스로부터 벗어나고 봐야 한다. 상대가 누구이든, 사랑하는 사람이든, 부모님이든 상관없이 스트레스로부터 벗어나야만 한다.

아들의 경우에는 여러분이 조금만 잔소리하면 스트레스가 발생하면서 기분 나쁜 스트레스에 대하여 무의식으로 말과 행동과 표정으로 표현하고, 자기 방으로 도망간다든지 한다. 또한 여러분이 남편에게도 잔소리하면 남편도 말과 행동과 표정으로 표현하면서 스트레스를 회피하려고 한다. 간혹 어떤 경우에는 오히려 거꾸로 공격하듯이 말과 행동과 표정으로 표현하기도 한다. "이제 그만해.", "알았느니 그만 좀 해."라는 말을 많이 한다. 또한 어떤 경우에는 폭언과 폭력을 행사하는 경우도 생긴다. 이 모두가 남자 자신도 모르게 스트레스에서 벗어나기 위하여 무의식으로 표현하는 것이다. 잘못된 것이 아니라 무의식이 작용하면서 발생하는 당연한 현상이다.

  가정폭력을 예로 들어 보면, 남편 또는 아빠에 의하여 가정폭력이 발생하는 경우는 남자가 스트레스를 견디지 못하고, 가장 사랑하는 아내와 아이들에게 스트레스에서 벗어날 때 자신도 모르게 폭력으로 표현하는 것이다. 이런 경우에는 남자의 표현방법을 바꾸면 어렵지 않게 가정폭력을 해결할 수 있다. 이와 같이 남자가 스트레스를 받으면 무조건 무의식이 작용하여, 스트레스에서 벗어나기 위한 말과 행동과 표정으로 표현하는 마음의 원리를 알지 못한 채 계속 반복된다. 이로 인해 가정폭력이 더욱 커지는 것은 참으로 안타까운 일이 아닐 수 없다. 이렇게 발생한 가정폭력에 대하여 대부분은 올바른 해결방법을 찾기보다는 법적으로 해결하려고 한다. 왜냐면 무의식이 작용하는 원리를 알지 못하기 때문이다.

  남편과 아들에게 적용해 보자. 가능하면 조금은 약한 스트레스로 작용하는 것이 좋다. 남자는 스트레스가 한 번에 많이 휘몰아치기보다 지속적일 때 더 많은 스트레스를 받기 때문에 가능하면 오래 지속하지 않도록 해야 한다. 지속적으로 스트레스를 주게 되면 남편 또는 아들이 강한 스트레스를 벗어나기 위한 무의식의 작용에 의하여 강한 표현이 발생할 수 있다.

아들에게 "빨리 씻고 가서 숙제하고 공부해."라고 짜증내거나 화내면 아들은 스트레스를 받는다. 그러면서 아무런 행동을 하지 않거나, "알았어."라고 퉁명스럽게 말하면서 자기 방으로 들어간다. 그런데 방에 들어간 아들이 숙제나 공부를 할 것이라 생각하면 안 된다. 아들은 일단 엄마의 짜증이나 화로 인하여 발생한 스트레스로부터 피하는 무의식이 작용하는 것뿐이다. 아들도 남자이기 때문에 일단 스트레스로부터 피하는 것이 무의식의 작용이다. 이렇게 엄마의 스트레스로부터 벗어나면 다음에는 스트레스를 받았던 나쁜 기분을 제거하기 위하여 좋은 기분을 만드는데 이때 자신이 즐거워하는 것, 재미있는 것에 몰입한다. 대부분의 아이들은 인터넷, 게임, 스마트폰을 한다. 무엇이든 자신이 즐거워하는 것을 한다. 상황이 이 정도쯤 되면 여러분은 더 짜증나고 화가 나겠지만, 남자의 스트레스와 힐링에 대한 원리를 알기 위하여 일시적으로 적용하는 것이니 그 정도에서 멈추는 것이 좋다.

이와 같이 아들이 하는 말과 행동과 표정의 표현은 잘못된 것이 아니다. 아들이 이상한 것이 아니고, 엄마인 여러분의 말을 무시하는 것도 아니다. 아들도 남자이기 때문에 당연한 순서이다. 아들이 남자로서 마음이 건강해서 그렇다. 남자 아이들에게 스트레스가 생기면 상대가 누구이든 관계없이 우선은 자신에게 발생한 나쁜 기분인 스트레스에서 벗어난 후, 자신에게 좋은 기분을 받아들이기 위하여 재미있고 즐거운 것에 몰입하는 것은 당연한 것이다.

그렇다면 여러분이 남편에게 잔소리를 하거나 자신이 받은 상처를 이야기하면, 남편도 남자이기 때문에 스트레스를 받게 되면 입을 꾹 다물고 말을 하지 않거나, 빨리 지나가라고 생각하거나, 화를 내면서 표현하거나, 폭언과 폭력으로 표현하거나, 집을 뛰쳐나가는 등 남편의 습관에 따라서 다양하게 스트레스에서 벗어나고자 하게 된다. 이 또한 여러분을 미워하고 싫어하고 무관심해서 그런 것이 아니다. 여러분을 무시하는 것도 아니다. 오롯이 남편 자신에게 발생한 나쁜 기분인 스트레스를 벗어나기 위하여 표현한 것일 뿐이다. 결국 남편도 남자로서 건강한 마음을 갖고 있다는 것이며, 사랑하는 관계에서는 당연한 수순이다.

결국 남편이든 아들이든 남자로서 스트레스를 벗어나는 방법이다. 자기도 모르게 무의식으로 만들어진 습관일 뿐이지 여러분에게 대들거나 화를 내는 것이 아니다. 남자는 스트레스를 받으면 견디기 힘들기 때문에 무의식이 작용하면서 말과 행동과 표정으로 표현하면서 벗어나려고 하는 것일 뿐이다. 남자가 생각하고 의도하여 그렇게 표현하는 것이 아니다.

그러나 여러분이 볼 때는 남편 또는 아들이 여러분을 무시하고 화내는 것처럼 느껴진다. 이는 여러분의 입장에서는 상대의 표현이 의식으로 받아들여지는 것이니 당연한 것이고 정상이다. 만일 여러분이 남편 또는 아들에게 적용해 보았을 때 이와 같다면 남편과 아들의 마음은 정상이고, 건강한 마음을 갖고 있는 남자이다. 여러분의 아들 또는 남편에게 적용해 보면 쉽게 알 수 있다. 아들과 남편이 건강한 마음을 갖고 있다는 것이 증명될 것이다.

이처럼 남자는 나쁜 기분인 스트레스를 벗어나서 제거한다. 이렇게 스트레스의 나쁜 기분을 제거한 후에는 그 나쁜 기분을 당연히 기억할 수 없다. 이미 제거를 했으니 기억할 기분이 남아 있지 않은 것이다.

만일 여러분이 아들을 호되게 혼내서 아들이 울고 화내고 짜증부리고 자기 방에 들어갔다고 해 보자. 일정 시간이 지난 후에 여러분이 맛있는 것도 하고, 용돈을 주면서 웃으면서 아무렇지도 않은 듯이 아들에게 이야기하면 아들도 웃으면서 자기 방에서 나와서 엄마와 즐겁게 이야기하면서 다시 일상으로 돌아간다. 어떤 경우에는 여러분이 정말 화나고 짜증나면 '아빠를 닮아서 저러는 거야. 어쩌면 저리도 똑같을까.'라고 생각할 수도 있다. 자주 있는 현상일 것이다. 그러나 이는 아들이 아빠를 닮은 것이 아니라 아들과 남편이 모두 남자이기 때문에 그런 것이다. 주변의 모든 남자들, 전 세계의 모든 남자는 다 똑같다. 이는 남자에게 흔히 있을 수 있는 상황이다.

아들만 그런 것이 아니라 남편도 똑같다. "이거는 제발 좀 고쳐.", "이런 건 이렇게 좀 하면 좋잖아."라고 잔소리하듯이 말하면서 여러분이 신경질내고 화내면, 남편은 "알았어."하면서 얼버무리고 넘어가거나, "왜 짜증내고 화내는데?"라고 오히려 화를 내면서 회피한다. 이는 여러분의 표현이 남편에게는 스트레스로 인식되기 때문에 스트레스로부터 벗어나기 위한 무의식의 표현이다. 그렇게 벗어 난 후 남편은 무엇을 하겠는가? TV를 켜고 아무 생각 없이 보는 경우, 인터넷이나 게임을 하는 경우, 방에 들어가서 자는 경우 등과 같이 아무 생각 없이 자신이 재미있고 즐거운 것에 몰입한다. 그러면서 스트레스를 벗어나서 스트레스의 나쁜 기분을 잊는다. 그런데 얼마 지나지 않아서 또는 다음날이 되면 또 다시 잔소리할 수밖에 없는 상황을 똑같이 반복한다. 그래서 여러분은 아무리 말해도 듣지 않는 남편과 아들로 인하여 스트레스와 상처를 받는다. 이때, 남자의 스트레스와 힐링의 원리를 알고, 원리에 그대로 적용하면 남편과 아들에게도 똑같이 작용하는 것을 알게 된다. 그러면 여러분은 더 이상 스트레스와 상처를 받지 않는다.

남자는 스트레스의 나쁜 기분을 기억하려고 해도 3일을 못 넘긴다. 작심삼일도 남자를 두고 하는 말이다. 절대 3일 이상 스트레스의 나쁜 기분을 기억하지 않는다. 만일 스트레스의 나쁜 기분을 기억하게 되면, 나쁜 감정으로 전환되어 매우 큰 고통을 겪게 되고, 정신병원에 가는 상황이 발생하거나 자살로써 고통에서 벗어나려고 하는 심각한 상황에 처하게 될 수 있다. 여러분은 아들과 남편이 나쁜 기분인 스트레스를 상처로 잘 기억해 주기를 바라겠지만, 이는 아들과 남편을 정신병원으로 보내고 싶은 것과 같은 것임을 알아야 한다. 여러분은 여자이기 때문에 상처를 힐링하는 방법이 다르다. 그래서 남자와 여자의 감정기억이 다르다는 것을 알아야 하는 것이며, 남자가 스트레스의 힐링을 어떻게 하는지 알아야 하는 것이다.

지금까지 남자가 스트레스를 받으면 나타나는 말과 행동과 표정으로 표현하는 실체에 대해 이야기했다. 남자는 스트레스를 받으면 무조건 벗어나고, 이후에는 재미와 즐거움에 몰입한다. 남자들이 스트레스에서 벗어나는 과정과 재미와 즐거움에 몰입하는 과정을 지날 때 여러분이 어떻게 하느냐에 따라서 매우 중요한 역할을 하게 된다. 이 원리를 정확히 알아야 아들이나 남편을 이해할 수 있다. 지금까지 여러분의 방법은 어떠했는지 생각해 보기 바란다. 아들과 남편은 남자로서 무의식이 작용하면서 생각 없이 말과 행동과 표정으로 표현한다는 것을 잊지 말기를…

Reading and Healing "읽으면서 힐링할 수 있는 책!"

6
여자의 상처와 힐링

지금까지 남자의 스트레스와 힐링을 알아보았다. 이번 장에서는 여자의 상처와 힐링에 대하여 알아보겠다.

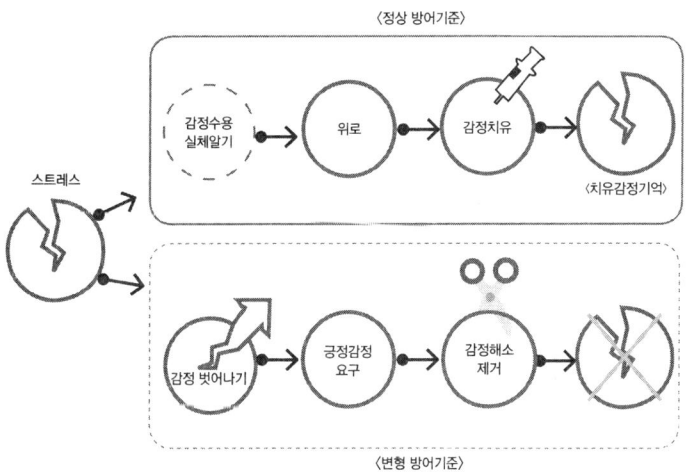

여자에게 스트레스와 상처가 발생하면, 여자는 스트레스와 상처의 나쁜 감정을 치료하려는 무의식이 작용한다. 그래서 여자는 대부

분 스트레스와 상처가 발생하면 무의식의 작용을 통해, 말과 행동과 표정으로 표현하면서 상처의 감정을 치료하려고 한다.

나쁜 감정인 스트레스와 상처가 발생하면 일단은 받아들인다. 힘들고 어렵고 고통스러울 수 있지만 마음으로 받아들여서 스트레스와 상처의 나쁜 감정이 발생된 원인과 과정과 결과에 대하여 정확하게 이해하기 위하여, 그리고 스트레스와 상처의 실체를 알기 위하여 생각하고 분석하고 이해하려고 한다. 그런 다음, 나쁜 감정에 대하여 위로를 받고자 한다. 이것이 여자가 스트레스와 상처를 치료하는 과정이다. 위로를 받게 되면 여자는 스스로 자기를 합리화하면서 만족하고 이해하는 것처럼 느껴져 좋아하면서 마음과 심리의 여유를 갖게 되는데 이때 스트레스와 상처가 치료되고, 나쁜 감정을 무감정 또는 좋은 감정으로 선환한다. 나쁜 감정을 좋은 감정으로 전환하면 행복한 마음을 느끼면서 현재의 행복을 느끼게 된다.

여자는 이 모든 과정에서 무의식이 작용한다. 스트레스와 상처를 이해하고 실체를 알고자 할 때도 무의식이 작용하며, 위로를 받을 때도 무의식이 작용한다. 이에 따라서 여자는 스트레스와 상처를 받게 되면 이 스트레스와 상처의 원인과 과정 그리고 결과를 정확히 이해하는 것이 매우 중요하다. 그래야 스트레스와 상처가 이해된다. 그런 후에는 위로를 원하게 되고, 이해된 후 위로를 받게 되면 자신도 모르는 사이에 심리가 편안하게 되면서 마음에 여유가 생긴다.

이로써 여자는 스트레스와 상처의 원인은 자신이 잘못한 것이 아니라고 인식하고 자신의 심리와 마음을 안정시킨다. 이렇게 스트레스와 상처인 나쁜 감정을 치료하면서 나쁜 감정을 무감정 또는 좋은 감정으로 전환한다. 이처럼 나쁜 감정의 스트레스와 상처의 실체를 정확하게 알고 이해해야만 나쁜 감정과 대응하는 무감정과 좋은 감정으로 대체할 수 있다.

이것이 여자의 스트레스와 상처에 대한 치료의 원리이며, 힐링의 방법이다. 스트레스와 상처를 기억하되 나쁜 감정이 아닌 무감정 또는 좋은 감정으로 기억하도록 하여 스트레스와 상처의 나쁜 감정으로 작용하지 않도록 하는 것이 여자의 치료이고 힐링이다. 그래서 심리치료를 하게 되면 여자는 스트레스와 상처의 사실을 기억하면서 무감정 또는 좋은 감정으로 기억하도록 한다. 만일 치료가 되지 않으면 스트레스와 상처의 사실을 기억하게 되면 그와 함께 나쁜 감정으로 기억하기 때문에 마음에 어려움과 슬픔과 고통을 겪게 된다.

여러분은 여자이기 때문에 잘 알고 느낄 것이다. 남자와 여자의 미음이 다르듯이 남자와 여자는 스트레스와 상처를 힐링하는 무의식의 작용도 전혀 다르다. 그래서 여러분은 여자로서의 스트레스와 상처를 처리하는 무의식이 작용하고 이 과정에서 말과 행동과 표정으로 표현하는 무의식이 작용한다.

여러분이 스트레스와 상처를 받거나, 과거의 스트레스와 상처의 안 좋은 감정이 기억나면, 우선은 그 스트레스와 상처의 실체를 정확히 알아야 한다. 그래서 인터넷을 찾아본다든가, 친한 친구 또는 주변 사람들에게 물어본다든가, 책을 찾아 읽거나, 강연·강의·교육을 듣거나 하는 등으로 실체를 알려고 노력한다. 실체를 알기 전까지는 가만히 있지 못하고 스트레스와 상처의 실체를 알기 위하여 많은 노력을 한다.

만일 남편이 집에 들어왔는데 남편의 표정이 매우 안 좋으면 여러분은 '무슨 일인지는 모르지만 문제가 있구나.'라고 생각하게 된다. 그러면 제일 먼저 "무슨 일 있냐?"고 묻기도 하고, 가슴이 덜커덩 내려앉기도 하며, 무슨 일이 생긴 줄 알고 "무슨 일이 있냐?"고 결국에는 남편에게 묻는다. 여러분은 무조건 남편에게 물어보게 되어 있다. 여자는 스트레스와 상처를 인식하면 무의식의 작용으로 그 실체를 알아야 하기 때문이다. 그래서 여러분은 스트레스와 상처를 받고 힘들어지면 그 실체를 알려고 매우 집요한 노력을 한다. 이는 여러분이 여자이기 때문에 그런 것이다. 여러분의 딸, 친정어머니, 시어머니, 여자 친구를 비롯하여 여자선생님과 주변 모든 여자들이 다 똑같다.

이때 스트레스와 상처의 실체가 정확하지 않고 이해되지 않아 납득이 안 가면 그 스트레스와 상처는 치료되지 않는다. 납득이 가질 않는데 어떻게 이해가 되고 어떻게 치료가 되겠는가? 그냥 치료가 된다는 것은 말도 안 되는 이야기이다. 그래서 여러분은 마음에 스트레스와 상처를 차곡차곡 쌓아 놓는 것이다. 괜히 분위기를 망가트리고 싶지 않고, 현재의 상황에서 더 큰 문제가 되도록 만들고 싶지 않으니 참고 인내하는 것이다. 이것을 스트레스와 상처를 억압한다고 하는 것이다.

이처럼 여자는 스트레스와 상처에 대하여 실체를 정확히 알려고 노력한다. 실체를 정확히 알고 난 후에 '그건 나의 잘못이 아니다.', '사실은 이렇게 된 것이다.', '얼마나 힘들었겠는가?'하는 위로를 받게 되면 놀랍게도 스트레스와 상처가 치료되고, 이를 잘 기억한다. 그래서 여자는 스트레스와 상처의 감정에 대하여 치료가 됐든 안 됐든 기억을 잘한다. 만일 치료가 된 후 감정을 기억하면 무감정 또는 좋은 감정과 행복한 감정을 갖게 되지만, 치료가 안 된 채 기억하면 나쁜 감정으로 기억하기 때문에 마음이 아프고 힘들게 된다.

감정대립과 감정싸움을 이야기하며 언급했듯, 남자와 여자의 대화인식 차이, 남자와 여자의 감정기억의 오류, 사랑하는 사이끼리 인간관계에서는 내가 하는 말과 행동과 표정은 불과 10% 미만으로 기억하지만 상대가 했던 말과 행동과 표정은 90% 이상을 기억한다. 그렇기 때문에 어떤 문제가 발생하면 모두가 상대의 잘못이지 내 잘못이 아니라고 생각하는 심리작용의 오류는 인간이면 누구나 그렇게 작용한다고 언급하였다.

여러분도 인간이기 때문에 똑같다. 누구나 똑같다. 아무리 지식인이고 전문가일지라도 화가 나면 상대와 감정대립을 하고 감정싸움을 한다. 딸이든, 남편이든, 아들이든, 선생님이든, 주변 사람들이 누구이든 마찬가지이다. 그러나 마음과 심리의 원리를 알고 있으면, 상대와 문제가 있어서 감정싸움을 한 후, 혼자 있게 될 때 말씀드린 그림에 대입해 보면, 상대에게 미안하다고 사과할 줄 알게 되고, 상대의 스트레스와 상처를 치료할 수 있게 된다. 이것은 바로 여러분이 원하는 상처의 힐링이다.

여러분은 인간이기 때문에 무의식이 작용하는 것은 피할 수 없다. 남자는 남자의 무의식을 피할 수 없고, 여러분은 여자의 무의식을 피할 수 없다. 모두가 인간이기 때문에 무의식은 생각하지 않고 의도하지 않아도 작용하기 때문이다. 그러나 인간은 마음과 심리의 원리를 정확히 알면 사후조치를 할 수가 있기에 위대한 존재다. 따라서 마음과 심리의 원리를 파악하면 여러분의 아이들이 여러분을 힘들게 하거나, 여러분의 남편이 여러분을 힘들게 하는 경우에도 설명해 드린 그림에 대입하며 이해할 수 있게 된다.

그러면 아이들과 남편이 여러분을 얼마나 사랑하고 있는지 알게 된다. 사랑하지 않으면 여러분을 힘들고 어렵게 할 이유가 없다. 사랑하지 않는데 왜 화내고 짜증을 내겠는가? 또한 여러분이 사랑하지 않는 상대에게 스트레스와 상처의 나쁜 감정을 치료해 달라고 무의식으로 표현하겠는가?

　여러분은 이 책을 남편과 아이들과 함께 읽으면 좋을 것이라고 생각할 것이다. 가능하면 기회가 될 때마다 부부가 함께, 자녀들과 함께 이러한 마음과 심리의 원리를 많이 이야기하라고 말한다. 저자가 상처의 힐링에 대한 강의를 시작할 때 부부를 보면 어색하게 앉아 있다가 강의가 끝나고 돌아갈 때쯤 되면 두 사람이 손잡고 나간다. 죽을 듯이 감정대립을 하고 감정싸움을 하면서 갈등으로 어려움을 겪다가도 똑같다. 그리고 놀랍게도 그 잡은 손을 놓지 못한다. 바로 가장 사랑하는 사람이 왜 나를 사랑하는지, 나를 어떻게 사랑하는지, 인간의 마음과 심리의 원리를 설명해 주면 남자와 여자의 마음이 서로 이해가 되고 힐링되기 때문이다.

　여성 여러분은 행복의 감정을 만드는 마음의 공장을 갖고 있다. 여러분의 마음속에는 행복의 감정을 만드는 공장을 갖고 있고, 이 행복의 공장은 오롯이 여자만 갖고 있다. 남자는 스트레스를 받으면 벗어나서 기억하지 못하기 때문에 잊어버린 채 재미있고 즐거운 것만 찾는다. 반면 여자는 스트레스와 상처를 치료하여 좋은 감정으로 전환하면서 행복의 감정을 만든다. 그래서 행복의 감정을 만드는 공장이 바로 여러분이고 세상의 모든 여자들이다. 오롯이 여자만이 행복을 만드는 공장을 갖고 있다.

　여자는 스트레스와 상처의 감정을 기억하는 대신에 스트레스와 상처의 나쁜 감정을 치료한 후 행복한 감정을 직접 느끼면서 살아가지만, 남자는 스트레스의 나쁜 기분을 기억하지 못하기 때문에 상처의 감정을 기억할 수 없으며, 죽는 날까지 행복의 감정을 직접 느낄 수 없다. 결국 남자는 죽는 날까지 행복의 감정을 모르고 살게 된다.

 남자는 상처의 감정을 기억하지 못하고 좋은 것만 기억한다고 했을 때, 여러분은 '남자로 태어날 걸.', '남자는 좋겠다.'고 생각했을 것이다. 그런데 이러한 남자들은 안타깝게도 죽는 날까지 여러분이 느끼는 행복의 감정을 느끼지 못한다. 남자는 그저 오늘 지금 이 순간에 재미있고 즐거운 것이 내일도 계속되면서 좋을 거라고 생각하기 때문이다. 그래서 남자는 스트레스를 받고 잘못된 일이 발생하더라도 "앞으로 잘할게.", "잘 될 거야.", "내일 이야기 해."등과 같이 좋게만 말한다. 마음과 심리가 건강한 남자는 무의식이 그렇게 작용하면서 죽는 날까지 그렇게 산다. 결국은 행복의 감정이나 실체가 없는 것을 향해서 살아간다.

 반면 여러분은 여자이다. 바로 행복의 감정이라는 실체를 느끼고 살아가는 사람이다. 남자는 행복을 직접 느끼는 여자를 바라보면서 간접적이고 추상적인 행복을 간접적으로 느끼면서 살아가는 것이다.

 여러분의 아들은 남자이고 딸은 여자이다. 여러분이 아들에게 스트레스와 상처를 주었다고 힘들어 할 것 없다. 아들은 3일 이내에 스트레스의 나쁜 기분을 잊는다. 또한 딸이 스트레스와 상처를 입었다고 아파하지 마라. 딸의 스트레스와 상처를 치료하면 딸은 행복한 감정을 갖게 된다. 여러분은 모두 그렇게 할 수 있는 능력이 있다. 바로 아들과 딸, 남편을 모두 사랑하기 때문이다. 이는 사랑하는 관계가 형성될 때 가장 기본으로 만들어지는 행복의 원천이다. 그래서 가정은 행복의 최소단위라 할 수 있으며, 여러분이 바로 그 행복의 공장이다.

아들이 스트레스와 상처의 나쁜 감정을 치료하고 밝고 환하게 웃는 여러분을 보게 된다면, 여러분은 아들에게 공부하지 말라고 해도 공부를 한다. 그 아들은 엄마가 웃는 모습이 너무 좋아서 엄마를 더 웃을 수 있도록 하려고 엄마가 원하는 공부를 열심히 한다. 아들은 자신을 위하여 공부하는 것이 아니라 엄마가 웃을 수 있도록 하기 위하여 공부하는 것이다. 또한 남편은 밖에서 열심히 일한다. 자신이 열심히 일해서 성과가 좋았을 때 아내인 여러분이 많이 웃을 수 있기 때문에 열심히 일할 수 있다. 이때는 스트레스도 없고 피곤하지 않다. 이는 서로 사랑하는 관계이기 때문이다. 따라서 여러분은 표정으로 환하게 웃으면서 반응만 하면 된다. 남편이나 아들에게 특별히 칭찬할 것도 없다. 여러분을 위하여, 남편을 위하여, 아이들을 위하여 환한 웃음은 최고의 선물일 것이다.

또한 딸의 경우에는 여러분이 같이 이야기를 하고 감정을 공감하는 것이 좋다. 딸은 여자이기 때문에 힘들고 답답한 일이 있으면 엄마인 여러분과 서로 이야기하고 그 스트레스와 상처의 실체가 어떤 것인지 알면서 딸을 위로하면 딸도 스트레스와 상처를 치료하면서 행복의 감정이 만들어지고 공부도 잘하게 된다. 여러분이 하지 말라고 해도 열심히 한다.

상담을 할 때, 저자에게 유아 또는 청소년들에게 심리문제를 치료하고자 유아나 청소년을 데리고 부모님이 상담을 오는 경우가 종종 있다. 이때 저자는 유아나 청소년들은 상담하지 않고 부모만 상담한다. 부모님으로서 자녀들을 대하는 방법을 설명하고, 스트레스와 상처를 힐링할 수 있는 방법을 적용하도록 하면 놀랍게도 문제가 심각했던 유아나 청소년들이 치료되어 힐링된다. 유아나 청소년을 직접 상담하지 않았지만 부모님에 의하여 쉽게 치료된다. 결국 아이들은 잘못이 없다. 아이들은 부모로부터 선생님으로부터 어른으로부터 사랑받을 권리만 있을 뿐이지 부모님에게 선생님에게 어른에게 사랑을 줄 의무는 없다.

여러분은 아이들에게 남편에게 최선을 다하여 열심히 사랑을 주고 있다. 누구도 부정할 수 없는 사실이다. 그런데 여러분이 아프고 힘들다고 아이들에게 스트레스와 상처를 함께 나누고 치료해 달라고 하면 편해지는가? 왜 여러분이 받은 스트레스와 상처를 아이들에게 덮어씌우는가? 여러분 자신의 스트레스와 상처의 원인을 왜 아이들의 잘못으로 몰고 가는가? 스트레스와 상처는 아이들이 여러분에게 준 것이 아니니 아이들에게 덮어씌우지 말아야 한다.

따라서 여러분이 화나고 짜증나고 신경질 나는 일이 있다면, 무조건 지금까지 읽었던 그림을 그리고, 그 그림에 대입해 보라. 그러면 아이들에게 화를 내려고 하다가도 여러분의 스트레스와 상처가 치료되면서 아이들의 예쁘고 사랑스러운 모습을 볼 수 있게 된다. 왜냐면 여러분이 스트레스와 상처의 감정에 대한 실체를 정확히 알았기 때문이다. 스트레스와 상처가 어디서 누구 때문에 발생하였는지의 사실은 중요하지 않다. 스트레스와 상처의 사실로 인하여 발생한 나쁜 감정에 대한 실체를 정확히 알면 그 순간 나쁜 감정이 무감정 또는 좋은 감정으로 전환하면서 행복한 감정이 생긴다.

지금까지 짧지만 어떻게 하면 여러분에게 힐링할 수 있는 방법을 알려 드릴 수 있을까를 고민하다가 핵심적인 세 가지의 주제로 글을 썼다. 남자와 여자의 대화인식의 차이, 남자와 여자의 감정기억의 오류, 사랑하는 인간관계에서 표현은 무의식으로 하고 받아들여 인식하는 것은 의식으로 하기 때문에 잘못 또는 문제가 생기고 어려움이 생기면 모두 다 상대의 탓을 하는 심리작용의 오류와 이것이 또한 상대도 똑같이 작용한다는 것을 알아야 한다.

여러분뿐만 아니라 주변 많은 사람들이 사랑하는 사람들과 감정대립 또는 감정싸움을 할 때 분석해 보면 매우 유용할 것이다. 친구가 부부싸움을 하여 힘들어 하면 가만히 들어 보라. 그런 후 배운 그림 위에 대입하여 분석해 보면 놀랍게도 사랑하는 사람들끼리는 똑같다는 것을 알게 된다. 그들 모두가 인간이기 때문이라는 것도 알게 된다.

여러분은 이제 마음과 심리의 원리를 조금이라도 알게 되었고, 힐링의 방법도 알았으니 오늘부터 자신에게, 아이들에게, 남편에게, 더 나아가서 친정부모님과 시부모님, 형제자매, 친구와 지인들에게 적용해 보길 바란다. 매우 실전적이고 즉시 적용할 수 있다. 그러면 여러분은 나쁜 감정이 힐링되면서 행복한 마음이 만들어질 것이다.

Ⅱ
인생과 행복

1
연애와 결혼의 심리

1) 연애의 심리

　남자는 미래행복을 추구하기 때문에 좋은 기분에 몰입하는 열정이 필요하고, 여자는 현재행복을 추구하기 때문에 좋은 감정에 몰입하는 사랑이 필요하다. 그래서 남자와 여자가 만나면 남자의 열정과 여자의 사랑이 상호 작용하면서 남자는 열정의 과정에, 여자는 사랑의 과정에 빠져들게 되면서 "핑크렌즈효과"와 같이 "눈에 콩깍지가 씌는 현상"이 발생한다. 그러면 모든 것이 다 좋아지고 행복해지며 상대와 함께하는 모든 것이 다 재미있고 즐겁게 된다. 즉 이성적인 생각을 하는 것이 아니라 왜곡된 생각에 빠져드는 것이다.
　그래서 이 핑크렌즈효과는 일시적인 심리장애라고 한다. 이는 수개월에서 3년 이내에 자연적으로 치료된다. 자연적으로 치료되기 때문에 일시적인 심리장애라고 한다. 연애 후 3년 이내에 결혼하는 커플이 많은 이유가 바로 이 핑크렌즈효과 때문이기도 하다. 이러한 핑크렌즈효과는 남자의 열정과 여자의 사랑이 결합하면서 나타나는 현상이며, 이는 인간으로서 남자와 여자의 무의식이 작용하는 자연적인 현상이며, 선물과도 같다. 남자와 여자가 결혼하고 행복하게 살 수 있다는 확신을 가질 수 있도록 만드는 역할을 한다.

사람이 객관적이고 이성적으로 판단하고 생각하면 누구도 결혼할 수 없기 때문에 이를 예방하기 위하여 인간으로서 행복하게 살 수 있도록 일시적으로 심리장애로 빠트리는 것이다. 이렇게 일시적인 심리장애로 빠지도록 하는 인간관계는 그리 흔하지 않고, 서로 상호작용을 통해서만 가능하기 때문에 무의식에서 상대는 매우 소중한 동반자이고 행복을 함께하는 사람이 되는 것이다. 이와 같은 일시적 심리장애가 아닌 상태에서 연애를 하는 것은 "목적관계"또는 "필요에 의한 관계"로서 사랑과 행복을 목표로 하는 것이 아니라 자신들의 필요에 의한 관계일 뿐이다.

남자와 여자가 만나서 연애할 때 남자의 열정과 여자의 사랑이 결합하는 과정을 살펴보자.

먼저 남자와 여자가 만났을 때 남자는 상대를 여자로 인식하면 좋은 기분과 함께 무의식에 의하여 좋은 기분에 몰입하는 열정이 발생하고, 여자는 남자의 열정을 느끼고 인식하면서 좋은 느낌과 함께 좋은 감정을 가진다. 이때 중요한 것은 남자가 상대를 여자로 인식하는 것인데, 여자의 4대 구성요소인 신체, 심리, 외형, 표현이 자연스럽게 조화를 이룰 때 남자는 여자로 인식하면서 순수한 열정이 발생한다. 반면 성적매력과 같은 경우에는 섹스를 목적으로 하는 대상으로 작용하게 되면서 목적의식을 가진 왜곡된 열정이 발생한다. 결국 여자는 그 자체로 매력을 갖게 되는데, 성적매력의 여자는 남자에게 섹스를 목적으로 하는 대상으로서 생각하게 되는 것일 뿐이다. 한마디로 여성에게 성적매력은 섹스대상일 뿐이라는 말과 같다.

남자는 여자가 자신에게 대한 좋은 감정을 느끼고 있다는 것을 알게 되면 "심리작용의 욕구"에 의하여 여자와 말과 행동과 표정을 주고받고 싶어지면서 여자에게 말과 행동과 표정을 하기 위하여 노력한다. 그러면 여자도 남자가 말과 행동과 표정으로 표현하는 것들에 더 좋은 감정을 가진다. 그러면 남자는 여자를 위하여 무엇이든 다 해 주고 싶은 "헌신의 욕구"가 증가하면서 여자에 대하여 모든 것을 이해하고 배려하면서 희생과 헌신을 하게 된다. 이와 같이 여자가 좋은 감정을 지속적으로 유지하고 궁극에는 사랑의 감정을 가질 수 있도록 남자는 여자에게 심리작용과 헌신을 지속하게 되는데, 이를 남자의 "열정의 과정"이라고 한다.

남자는 열정의 과정이 지속되면, 여자는 좋은 감정을 지속하면서 사랑의 감정을 가진다. 이때 여자가 사랑의 감정을 갖게 된 것을 인식한 남자는 여자의 행복을 간접적으로 느끼면서 강력한 성취와 성공의 욕구를 갖게 되는데, 이 성취와 성공의 욕구는 여자와 함께하는 미래가 행복할 것이라는 확신과 함께 일, 직업, 취미, 기타 다양한 분야에 대한 성취와 성공의 욕구가 동시에 발생한다. 이 과정이 계속 유지되고 발전되면 여자는 사랑의 감정을 지속하면서 현재행복을 느끼고, 이 현재행복을 유지하고 발전하려고 한다. 또한 남자는 미래의 막연한 기대감과 희망을 갖게 되면서 미래행복을 추구한다.

이렇게 남자는 여자와 함께하는 미래의 기대와 희망을 갖게 되면서 미래행복을 추구하고, 여자는 남자에 대한 사랑의 감정을 갖고 현재행복을 느끼면서 미래에도 계속 유지하고자 한다. 그래서 남자와 여자는 결혼을 할 수 있게 된다.

그러나 연애를 할 때 남자의 열정이 왜곡되는 경우가 있는데, 이는 남자와 여자 모두에게 심리장애를 유발할 만큼 매우 위험한 관계가 형성되고, 반드시 스트레스와 상처를 동반하면서 불행한 인생을 살게 되는 원인이 된다.

남자가 여자를 인식할 때 여자의 4대 구성요소 중 특정한 부분에 매력을 느끼거나, 여자의 4대 구성요소가 조화를 이루고 있다고 착각하는 경우, 상대를 스트레스와 상처의 해소를 위한 대상으로 인식하는 경우, 이미 심리장애가 있는 경우, 이외 특정한 목적을 가지는 경우 등과 같은 상황이 되면, 남자는 왜곡된 열정을 가진다. 이렇게 왜곡된 열정을 갖게 되면 남자는 자신의 목적을 달성하기 위한 열정의 과정을 갖게 된다.

남자의 심리작용의 욕구와 헌신의 욕구가 모두 왜곡된 열정의 과정으로 작용하면서 남자는 목적을 이루기 위하여 상대 여성에게 노력한다. 여자는 이 왜곡된 열정의 과정을 마치 남자의 순수한 사랑으로 착각하면서 좋은 감정과 사랑의 감정이 발생하면서 사랑의 과정을 갖게 되지만, 현재행복을 느끼지 못한 채 계속 사랑의 과정에만 머무른다. 그러면 여자는 깊은 상처가 발생한다. 결국 남자의 왜곡된 열정의 과정은 여자에게 깊은 상처를 유발한다. 이처럼 남자는 열정의 과정에서 자신의 목적을 달성하고, 여자는 사랑과정에서 계속 머무르게 되면 남자와 여자는 결혼을 할 수 없다. 그러면서 남자와 여자는 서로 비운의 연애를 하는 것처럼 착각한다. 남자는 목적을 이루기만 하고, 여자는 사랑과 행복을 착각한 채 남자의 목적을 위한 수단으로만 살아가는 심리장애가 생기는 것이다.

2) 결혼 후 심리

남자는 열정의 과정에서 강력한 성취와 성공의 욕구를 갖게 되면서 여자에 대한 기대와 희망을 갖고 미래행복을 추구하고, 여자는 사랑의 과정에서 현재행복을 갖게 되면서 미래에도 지속적으로 현재행복이 유지되기를 원할 때, 남자와 여자는 결혼을 한다. 이렇게 결혼하면 남자는 남편이 되고, 여자는 아내가 되면서 서로의 심리가 변하게 되는데 이는 두 사람이 함께 가정을 이루고, 자녀가 출생하며, 자녀를 양육하면서 살아갈 수 있도록 하는 서로의 심리에 대한 안전장치라고 할 수 있다. 이는 인간이면 누구에게나 발생하는 것으로 남자와 여자가 행복을 추구하면서 살아가는 원동력이 된다.

남자와 여자가 결혼하고 신혼을 지나면서 가정을 구성하게 되면, 남자는 남편의 역할을 하고 여자는 아내의 역할을 하게 된다. 이 과정에서 남편과 아내는 심리가 변한다.

무의식에 의하여 발생하는 남자의 열정과 여자의 사랑은 성심리에 의하여 작용되는데, 이 성심리는 성행동인 섹스로 표현된다. 남자와 여자의 관계에서는 남자의 열정과 여자의 사랑에서 성심리가 가장 강하게 발생하도록 무의식이 작용하면서 삶의 에너지가 되는데, 이 성심리가 작용하지 않는 남자와 여자의 인간관계가 있다. 첫 번째는 부모와 자식의 관계이고, 두 번째는 남편과 아내의 관계이다. 이 두 가지의 인간관계에서는 성심리가 작용하지 않기 때문에 성행동인 섹스가 표현되지 않는다. 즉 가족으로 인식되도록 하는 과정이다.

결혼 후에 남자와 여자의 심리가 변화하는 과정을 살펴보면, 먼저 남편인 남자는 여자인 아내에게서 여자의 매력에 대한 인식이 무의식적으로 감소하기 시작하고, 여자인 아내는 여자로서의 현재행복이 무의식적으로 줄어들기 시작한다. 그러나 남자와 여자는 무의식에 의한 열정과 사랑이 감소하기 때문에 의식이 이를 자각하지 못한다. 따라서 남자는 열정이 줄어들면서 열정의 과정이 약화되기 시작하고, 여자는 남자에게 받는 사랑이 줄어들면서 이를 대신하여 아내로서의 행복인 남편에게 주는 사랑이 증가한다. 이는 아내가 현재 행복을 지속적으로 느낄 수 있도록 하는 역할로 바뀌는 것이다. 즉 아내는 '여자로서 남자에게 받은 사랑의 감정'에서 '아내로서 남편에게 주는 사랑'으로 변화하는 것이다.

또한 남편은 열정의 과정이 약화되면서 외부에 대한 성취와 성공의 욕구를 강화하고, 점점 외부의 성취와 성공이 열정의 과정을 대체하면서 아내인 여자에 대한 열정은 사라지고 아내와 자식들에 대하여 보호하고 책임지는 무의식이 형성된다. 이를 남자의 "무의식 사랑"이라고 한다. 이와 함께 아내는 아내로서의 행복이 증가하면서 모성애가 강화되고 자식에 대한 엄마의 행복인 자식에게 주는 사랑이 강화된다. 그래서 아내는 모성애가 형성되는데 이 모성애는 남편에게 주는 사랑과 자식에게 주는 사랑이 결합되어 나타난다. 굳이 남자에게 받는 사랑의 감정이 없어도 남편과 자식에게 주는 사랑의 감정만으로도 충분하게 된다.

이와 같이 남자는 열정의 과정에서 남편이 되면 열정의 과정을 없애면서 무의식의 보호와 책임인 사랑을 만들고, 여자는 사랑의 과정에서 아내가 되면 사랑의 과정을 없애면서 모성애인 사랑을 만든다. 결국 남편은 아내와 자식에 대한 무의식의 보호와 책임인 사랑을 갖게 되고, 아내는 남편과 자식에 대한 모성애인 사랑을 갖게 된다. 이것이 결혼 후 부부가 살아가는 모습이다.

그러나 남편에게는 아내라는 여자에 대한 남자의 열정이 없어지고, 아내에게는 남편이라는 남자에게 받는 여자의 사랑이 없어진 상황이기 때문에 섹스리스(Sexless)의 부부가 되거나 부부싸움 및 부부갈등의 자주 발생하면서 편안한 관계, 익숙한 관계, 그냥 무의미한 부부로 살아가는 모습을 가진다. 실제로 사랑하는 관계인 것은 맞지만, 인식은 그저 그런 편한 관계, 익숙한 관계, 무관심한 관계가 되는 것이다.

특히 남자의 보호와 책임인 사랑은 남자의 무의식에 형성되기 때문에 남편과 아내 모두 의식으로 자각하지 못한다. 또한 남자의 보호와 책임인 무의식의 사랑은 가정의 위기 또는 아내와 자식의 위기에서만 나타나기 때문에 평상시에는 마치 남편이 아내와 자식을 사랑하지 않는 것처럼, 남편의 사랑이 없는 것처럼 느끼기도 한다.

결혼 후 남자와 여자는 남편과 아내로서의 삶을 살게 되면서 남편은 아내와 자식에 대한 보호와 책임인 무의식의 사랑을 갖게 되고, 아내는 남편과 자식에 대한 모성애를 갖게 되므로 남편의 역할과 아내의 역할에서는 성심리가 작용하지 않고, 성행동인 섹스가 표현되지 않는다. 이로 인하여 부부문제, 섹스문제, 성격차이 등은 남자와 여자의 심리변화 때문에 발생한다.

부부문제와 부부갈등이 발생하는 것을 보면, 제일 먼저 두 사람 중 한 사람이 자신의 마음과 심리를 이야기하는 것이 사라지고, 상대도 점점 자신의 마음과 심리를 이야기하는 것이 사라지면서 서로의 마음과 심리에 대한 대화가 사라진다. 이렇게 마음의 대화가 사라지면 오해가 발생하기 쉽다. 이는 부부문제와 부부갈등이 심각한 상황이라고 볼 수 있다. 이후 남편과 아내는 성심리가 작용하지 않게 되면서 남자는 아내라는 여자를 향했던 열정이 사라지고 여자는 남편이라는 남자에게 받는 사랑이 사라지면서 편안하고 익숙한 관계가 되고, 성행동인 섹스도 줄어들게 되면서 권태와 섹스리스까지 발전한다. 이러한 상황이 되면 부부는 위기라고 할 수 있지만, 무의식에서 변화되기 때문에 의식으로 자각하지 못한다. 그렇다고 이 부부가 서로 사랑하지 않는 것이 아니다. 사랑하는 것은 분명한데, 자각되는 생각은 편안하고 익숙하고 무덤덤한 관계라고 느끼는 것일 뿐이다.

3) 사랑과 열정의 변화

남자와 여자는 무의식이 만남과 연애 후 결혼과 가정을 이루고 유지하는 과정에서 큰 변화를 가진다. 그래서 연애할 때와 결혼한 후에 남자와 여자는 많은 심리변화를 느끼는 것처럼 인식한다.

남자는 만남과 연애의 과정에서 상대를 여자로 인식하면서 좋은 기분에 몰입하는 열정이 발생하고 성욕과 성취와 성공의 욕구를 통한 미래행복을 추구한다. 이에 따라서 열정의 과정을 통하여 여자와의 재미와 즐거움에 대한 희망과 기대감으로 미래행복을 추구할 수 있게 된다. 또한 이 과정에서 남자는 여자의 반응, 좋은 감정, 사랑의 감정에 의한 행복함 등을 간접적인 좋은 기분으로 인식하면서 결혼이라는 막연한 미래행복에 대한 희망과 기대감을 키우게 된다. 따라서 남자는 만남과 연애의 과정에서 열정의 과정을 매우 중요하게 생각한다.

여자는 만남과 연애의 과정에서 남자의 열정과 헌신에 의한 희생, 이해와 배려 등이 지속적으로 작용하면서 사랑의 감정을 갖게 된다. 또한 사랑의 과정을 중요하게 인식하면서 남자와의 사랑을 확인하고 유지한다. 그로 인해 현재의 행복한 감정을 갖게 되며, 현재의 행복을 지키고 유지하기 위하여 결혼을 하게 된다. 따라서 여자는 만남과 연애의 과정에서 사랑의 과정을 중요하게 생각한다.

남자는 결혼하여 가정을 이루면 여자를 아내로 인식하고 자식들의 엄마로 인식함으로써 가족관계를 형성하고 아내와 자식을 보호하고 책임을 갖는 무의식과 함께 자신과 동일시하는 무의식이 결합되면서 아내를 여자로 인식하지 못한 채 여자에 대한 열정이 줄어들거나 소멸되고, 외부 대상에 대한 열정과 성취와 성공의 욕구가 강화되면서 열정이 변화한다.

이때 무의식으로 발생하는 아내와 자식들에 대한 자기 동일시 현상과 보호와 책임이 바로 "남자의 사랑"이며 "무의식의 사랑"이다. 따라서 남자의 사랑은 여자와의 오랜 열정, 성욕, 성취와 성공의 욕구가 지속되고 반복되면서 여자에 대한 보호와 책임이 무의식으로 형성되고 여자와 자식을 남자 자신과 동일시되는 현상이 만들어질 때 형성된다.

여자는 남자의 열정과 성취와 성공의 욕구가 동반되는 사랑과 행복을 느끼면서 결혼 후 가정을 형성하면, 여자의 행복에서 아내의 행복과 엄마의 행복으로 전환한다. 그래서 남자에게 받는 사랑보다는 남편과 자식에게 주는 사랑인 내조와 모성애에 몰입한다. 즉 남편과 자식에게 헌신하고 희생하는 열정을 갖게 되는 것이다. 이때 여자는 행복함과 편안함을 가진다.

따라서 여자는 남자를 남편으로 전환하여 인식하면서, 남자에게 사랑을 받는 것이 아니라 남편에게 사랑을 주게 되고, 남자는 여자를 아내로 전환하여 인식하면서, 여자에게 사랑을 주는 것이 아니라 아내에게서 사랑을 받는다.

　이러한 부부는 남자의 열정과 여자의 사랑이 변화된 것을 자각하고 알아야 한다. 그래서 남편은 남자로서 아내라는 여자에 대한 열정을 갖도록 하고, 아내는 여자로서 남편이라는 남자에게 사랑을 받고자 노력하는 것이 중요하다. 이것이 부부간의 열정과 사랑을 회복할 수 있는 방법이다. 이렇게 남편이라는 남자의 열정과 아내라는 여자의 사랑이 회복되면 부부간의 권태와 섹스리스가 사라지고, 남자의 열정과 여자의 사랑을 가진 상태에서 이미 무의식에 형성된 남자의 보호와 책임인 무의식의 사랑, 여자의 사랑과 모성애가 모두 결합하게 되면서 삶의 감동과 함께 행복한 부부로 살아갈 수 있게 된다.

　행복한 부부관계에서 남편은 남편과 남자로서 삶의 의미와 가치를 갖게 되면서 자아실현을 하게 되고, 아내는 아내와 여자와 엄마로서 삶의 의미와 가치를 갖게 되면서 자아실현을 하게 된다. 이때 남편과 아내는 서로에 대한 감동의 삶을 살게 된다.

2
인간의 인생

1) 편안한 인생

편안한 인생은 편안함을 행복이라고 생각하면서 살아가는 인생이다. 이 편안한 인생은 대부분의 여자가 추구하는 인생이며, 현재의 편안함을 우선으로 원하는 인생이다. 여자는 태어나서 죽을 때까지 변하지 않는 고유의 심리이면서 무의식을 작용하도록 하는 본능심리가 현재행복을 추구하도록 하는 기준을 갖고 있기 때문에 편안한 인생을 추구하는 것은 정상적인 마음과 심리를 가진 여자에게 흔히 나타나는 현상이다. 그러나 여자가 심리장애를 갖게 되면 남자의 심리처럼 미래행복을 추구한다. 또한 남자는 본능심리가 미래행복을 추구하기 때문에 즐거운 인생을 추구하는 것은 정상적인 심리를 가진 남자에게 나타나는 현상이지만, 남자가 심리장애를 갖게 되면 여자의 심리처럼 현재행복을 추구하면서 편안한 인생을 살고자 한다. 이때 편안함이라고 하는 것은 과거, 미래, 상처, 행복, 불행, 즐거움, 기쁨, 아픔, 고통 등 희로애락(喜怒哀樂)의 기분이나 감정이 없는 상태를 뜻한다.

편안한 인생을 추구하는 원인은 현재 마음과 심리의 상처, 억압, 강박으로 발생하는 기분 또는 감정을 제거하거나 치료하려는 무의식의 작용 때문이다. 그래서 편안함은 안식처와 같고 행복한 것처럼 느껴진다. 현재가 편안해지면 이 편안함이 미래에도 지속될 것이라고 생각하기 때문에 현실에서 지속적으로 편안한 인생을 추구한다.

기혼여성의 경우는 자식들이 잘 성장하고 남편의 일이 잘되어 가정이 편안하면 행복한 인생이라고 생각한다. 그래서 편안한 인생은 곧 행복한 인생이라고 인식한다. 이는 여자가 느끼는 현재의 마음과 심리이기 때문에 마치 편안한 인생이 최고인 것으로 인식되는 것이며, 편안한 인생이 행복한 인생이라고 생각한다.

반면 남자가 편안한 인생을 추구하고 있다면 심리장애가 발생했다는 뜻이다. 남자가 나쁜 기분을 나쁜 감정으로 기억하거나, 성취와 성공의 목표를 달성하게 되었을 때 느껴지는 안정과 편안함을 갖게 되는 경우에 심리장애가 발생한다. 그래서 남자가 편안한 인생을 추구하면 열정도 없고 성취와 성공의 목표도 없다. 이러한 남자는 대부분 여성스럽게 느껴진다. 여성스러운 성격과 자상함, 타인에 대한 이해와 배려가 많고, 자애심을 많이 갖고 있어서 대부분의 사람들은 좋은 인식을 가진다. 보기에는 좋은 모습일 수는 있다. 그러나 정상적인 심리를 가진 남자는 열정과 성취와 성공의 욕구를 갖고 막연한 미래행복을 추구하지만, 심리장애가 발생한 남자는 열정과 성취와 성공의 욕구가 없고, 현재의 안정과 편안함을 추구하면서 우울증과 같은 심리의 문제를 갖게 되므로 심리장애가 발생했다고 할 수 있다.

이와 같이 남자는 편안한 인생을 추구하는 것 자체가 이미 심리장애를 갖는 것이며, 삶의 의미의 찾지 못하고, 자신의 인생이 가치가 없다고 생각하며, 극단적으로 자살하는 원인 중에 높은 비율을 차지하는 원인이다. 또한 여자는 편안한 인생을 추구하는 남자를 만나게 되면 남자다움을 느낄 수 없게 되고 편안한 사람으로만 인식되면서 사랑의 감정과 성적인 감정을 비롯하여 희로애락의 감정을 느낄 수 없게 된다. 그저 편안한 상대가 될 뿐이다.

편안한 인생은 안식처도 아니고 행복한 것도 아니다. 편안하다는 것은 희로애락의 감정이 없기 때문에 상처도 없지만 행복도 없고 즐거움과 슬픔도 없다. 또한 불행하지도 행복하지 않기 때문에 특별한 감정이 없다. 힘든 것에서 벗어나는 것 자체가 편안함이라고 생각하고, 이렇게 편안한 상황을 힘들고 불행한 과거에 비하면 훨씬 좋은 것이기 때문에 행복한 것처럼 인식되는 것이다.

편안하다는 것은 마치 "강한 태풍이 오기 전에 발생하는 고요함"과 같은 것으로 태풍이 크면 클수록 기압의 영향으로 인하여 더욱 고요함을 느끼는 것과 원리가 같다. 그러나 이 고요함은 잠시일 뿐이다. 곧 강한 태풍이 몰아닥치면, 힘들고 불행해진다. 그러면 다시 또 다른 강한 태풍전야의 고요함을 찾는다. 즉 태풍이라는 상처를 회피하여 또 다른 태풍이라는 상처를 찾아가는 것이다. 이는 편안함을 행복이라고 인식하기 때문이다. 결국은 편안한 인생을 추구하는 것은 태풍이 오기 전의 고요함을 찾는 것과 같기 때문에 힘들고 불행한 상처가 지속적으로 반복될 수밖에 없다.

자신의 인생이 왜 반복적으로 힘들고 상처받고 불행하게 되는지 알아야 한다. 이는 자신이 이미 상처와 불행을 가질 수밖에 없는 편안한 인생을 추구하고 있기 때문이다. 자신이 생각할 때는 행복을 추구한 것으로 느꼈기 때문에 모든 불행의 원인이 태풍이라는 상처라 원망하고 탓하지만, 결국은 자신이 편안한 인생을 추구했기 때문에 상처와 불행이 반복적으로 만들어졌음을 알아야 한다. 그래서 편안한 인생을 추구하면 즐거운 인생을 살 수 없고, 행복한 인생을 살 수도 없다. 편안한 인생을 추구하는 것은 상처와 불행을 예고하고, 상처와 불행의 결과로 나타나는 것을 추구하는 것과 같다.

이와 같이 상처와 불행이 계속 반복되는 인생을 살면서 심리장애가 발생하면, 궁극적으로는 상처와 불행을 반복적으로 겪지 않기 위하여 "태풍이 오기 전의 고요함"을 찾기보다는 자신이 "태풍의 눈"이 되어 궁극적인 편안함을 가지려고 한다. 그만큼 이미 상처와 불행을 반복하면서 심리장애가 발생했다는 뜻이다.

이는 이미 심리장애가 발생하였기 때문에 자신 스스로가 "태풍의 눈"이 된다는 것도 인식하지 못한 채 자신의 편안한 인생만을 추구하기 때문에 나타나는 현상이다. 이 "태풍의 눈"도 고요함을 갖게 되면서 편안해지는데, 자신이 태풍이라는 상처와 불행의 원인이 되어 있다는 것은 인식하지 못한다. 결국 자신도 모르는 사이에 남자의 심리처럼 자신만의 즐거운 인생을 추구하게 되는 것이다.

따라서 이제는 자신이 태풍이 되어 다른 많은 사람들에게 상처를 입히고 불행하게 만들면서도 자신은 편안해하며 이를 행복이라고 느낀다. 결국은 심리장애에서 편안한 인생을 추구하는 것은 오롯이 자신만의 즐거운 인생을 추구하는 것으로 자신이 태풍이 되었기 때문에 가족, 자식, 남편, 친구, 기타 주변사람들에게 상처를 입히고 불행하게 만드는 원인이 된다.

이러한 여성의 경우에는 자신이 생각할 때는 행복을 추구한 것으로 느껴지기 때문에 다른 사람들이 상처를 입거나 불행해지는 것은 그 사람들이 잘못 살고 있기 때문이라고 생각한다. 결국 자신만의 즐거움을 추구할수록 다른 사람들에게 상처를 주고 불행하게 만든 것임을 알지 못한다.

따라서 편안한 인생을 추구하는 여성은 자신이 상처와 불행을 좇아가는 인생을 살게 된다. 그리고 이는 상처와 불행이 계속 반복되어 더 이상은 상처와 불행으로 살지 않기 위해, 타인에게 상처를 입히고 불행하게 만드는 인생으로 나아간다. 그러나 자신은 이것을 행복이라고 느낀다. 따라서 편안한 인생이란, 행복을 추구하는 인생처럼 느껴지지만 실제로는 상처와 불생을 추구하면서 살아가는 인생이다.

2) 즐거운 인생

즐거운 인생은 특정한 대상을 위하여 살면서 기분이 좋은 것을 행복이라고 생각하는 인생이다. 이러한 인생은 대부분의 남자가 추구하며 막연한 미래행복을 추구하는 것이라 할 수 있다. 남자는 무의식이 좋은 기분에 몰입하여 미래행복을 추구하기 때문에 즐거운 인생을 추구하는 것은 정상적인 마음과 심리를 가진 남자에게 흔히 나타난다. 그러나 남자가 심리장애를 갖게 되면 여자의 심리처럼 현재행복을 추구한다. 또한 여자는 무의식이 현재행복을 추구하기 때문에 편안한 인생을 추구하는 것은 정상적인 마음과 심리를 가신 여자에게 흔히 나타나지만, 여자가 심리장애를 갖게 되면 남자의 심리처럼 막연한 미래행복을 추구하게 된다. 이때 즐거움을 추구한다는 것은 재미, 즐거움, 기쁨, 열정 등의 좋은 기분만을 추구하는 것이고, 과거의 희로애락(喜怒哀樂)보다는 미래가 막연하게 기분 좋고 행복할 것이라는 생각을 갖고자 하는 상태이다.

즐거운 인생을 추구하는 원인은 열정과 성취와 성공에 필요한 재미, 즐거움, 쾌락으로 발생하는 좋은 기분에 의하여 막연하게 미래가 행복할 것이라는 생각 때문이다. 그래서 즐거움을 마치 역동적이고 행복한 것이라고 느낀다. 현재 느껴지는 재미와 즐거움이 미래에도 지속될 것이라고 인식하면서 지속적으로 재미있고 즐거운 인생을 추구한다. 가족을 비롯하여 다른 사람들을 상관하지 않고 자신이 즐거우면 주변의 모든 사람들이 즐겁고 행복할 것이라고 생각하고 모두가 행복한 인생이 될 것이라고 생각한다. 그래서 즐거운 인생은 곧 미래가 행복한 인생이라고 느낀다. 이는 남자가 갖는 관념이고 가치이다. 마치 즐거운 인생이 최고인 것으로 인식되는 것이며, 즐거운 인생이 행복한 인생이라고 생각한다.

반면 여자가 즐거운 인생을 추구하면 심리장애가 발생했다는 뜻이다. 여자가 좋은 기분만을 추구하거나, 사랑의 감정과 모성애가 특정한 대상에게로 이동하여 새로운 대상에 대한 재미와 즐거움에 빠져드는 것이다. 이 특정한 대상은 인간뿐만 아니라 직업, 취미, 운동 등과 같은 다양한 대상이 될 수 있다. 그래서 여자가 즐거운 인생을 추구하는 것은 사랑도 없고 모성애도 없이 재미와 즐거움의 좋은 기분만을 추구하는 것이다. 이러한 여자는 대부분 남자의 심리처럼 열정과 성취와 성공의 욕구가 많다. 남성적인 성격과 열정, 강한 성취와 성공의 욕구를 갖고 있기 때문에 열정적으로 보이고, 타인에게 좋은 인식으로 자리 잡는다. 보기에는 좋은 모습일 수 있다. 그러나 여자는 현재행복을 추구하는 것이 정상적인 마음과 심리인데, 사랑과 모성애가 없고 재미와 즐거움의 기분만을 추구하고 느끼려고 하면서 심리장애가 발생한다. 이와 같이 여자는 즐거운 인생을 추구하는 것 자체가 이미 심리장애의 상태인 것이며, 극단적으로 쾌락 또는 중독증에 빠지는 원인 중에 높은 비율을 차지한다. 또한 남자는 재미있고 즐거운 인생을 추구하는 여자를 상대하면, 여자의 사랑과 행복의 감정보다는 재미와 즐거움을 함께 추구하는 동질적인 의식을 갖게 되면서 재미와 즐거움과 쾌락을 함께 추구하는 하나의 대상으로만 인식한다.

그러나 즐거운 인생은 행복한 인생이 아니다. 재미있고 즐겁다는 것은 끊임없이 재미있고 즐거운 좋은 기분만을 요구하며 쾌락을 추구하기 때문에 기분에 의존하게 된다. 또한 점점 더 강한 재미와 즐거움을 원하기 때문에 중독증으로 발전할 가능성이 매우 높다. 반면 편안한 것에 안주하지 않기 때문에 열정적이고 진취적으로 느껴진다. 열정이 있으니 어떠한 것도 모두 다 이룰 수 있을 것 같은 성취와 성공에 대한 욕구가 강화되고 이것이 마치 앞으로도 계속될 것이라고 생각하면서 미래도 행복할 것으로 생각한다.

따라서 즐겁다는 것은 특정한 대상에 대한 열정과 성취와 성공의 욕구를 갖는 것으로 자신 또는 가족보다는 특정한 대상을 위하여 자신의 인생을 모두 쏟아 붓는다. 무엇이든 다 이룰 수 있을 것 같은 생각, 특정한 대상을 위하는 것이 자신과 가족을 위한 것이라는 생각, 특정한 대상이 없으면 자신의 인생은 가치가 없다는 생각 등을 하면서 자신의 인생을 전부 몰입하고, 이를 이루면 행복해질 것이라고 막연하게 생각한다. 또한 특정한 대상에 대한 목표를 성취하고 성공하면 또 다른 특정한 대상을 찾아서 자신의 열정을 몰입한다.

결국 즐거운 인생을 추구하는 것은 특정한 대상을 위하여 자신의 인생을 쏟아 붓고서 막연하게 행복할 것이라고 확신하는 것이다. 이로 인하여 특정한 대상에 대한 열정과 성취와 성공의 욕구를 갖고 자신의 인생을 쏟아 붓는 것이 반복된다. 인생에서 가장 소중한 자신과 가족을 모두 잃어버리고 있지만, 이를 전혀 인식하지 못하는 원인이다. 재미와 즐거움의 좋은 기분인 쾌락을 좇게 되고, 열정만을 추구하게 되면서 몸과 마음은 모두 황폐화되고 궁극에는 인생의 허망함만 찾아온다. 삶의 의미와 가치를 잃어버린 채 자신의 재미와 즐거움만을 추구하면서 회한과 후회를 남기기도 한다. 또한 자신이 생각할 때는 분명 행복을 추구한 것으로 느꼈기 때문에 인생의 허

무감과 허망함, 자신의 실패 등 모든 불행의 원인은 자신보다는 가족 또는 다른 사람들이라 원망하고 탓하지만 결국은 자신 스스로가 즐거운 인생을 추구했기 때문에 파멸과 불행이 만들어졌음을 알아야 한다.

그래서 즐거운 인생을 추구하면 편안한 인생을 살 수 없고, 행복한 인생을 살 수 없는 것이다. 즐거운 인생을 추구하는 것은 삶의 파멸, 몸과 마음의 황폐화, 가족의 고통, 특정한 대상을 위한 몰입으로 인하여 자신에게는 남는 것이 하나도 없는 결과로 나타나는 것을 추구하는 것과 같다.

3) 행복한 인생

행복한 인생은 남자의 열정과 여자의 사랑이 결합됨으로써 감동이 지속되는 인생을 말한다. 이는 "희열로 벅차오르는 감정인 감동"이 지속되는 인생을 말한다. 여자에게 희열은 사랑에 집중하여 최고의 기쁨으로 느껴지는 감정으로 이 감정이 일상에서 지속되는 것이고, 남자에게 희열은 열정에 집중하여 특정한 대상의 목표를 달성하는 과정에서 오는 기분이 일상에서 지속되는 것이다.

남자이든 여자이든 일시적으로 감동을 느낀 경험은 있겠지만 일상에서 지속되는 경우는 거의 없다. 인간이면 누구나 행복한 인생을 추구하길 원하지만 쉽지 않다. 그래서 편안한 인생 또는 즐거운 인생을 추구하는 것을 마치 행복한 인생이라 생각하고 확신을 갖는 것이다. 이는 남자는 남자 자신, 여자는 여자 자신의 행복만을 추구하기 때문에 나타나는 현상이다. 따라서 행복한 인생은 혼자서는 불가능하고 반드시 남자와 여자의 인간관계가 있어야만 가능하다. 행복한 인생은 남자와 여자의 궁극적인 자아실현이라 할 수 있다.

  행복한 인생을 살기 위해서는 반드시 필요한 조건이 있다. 남자는 여자에 대한 보호와 책임인 무의식 사랑(아가페의 사랑, 인식되지 않는 사랑)과 함께 좋은 기분으로 상대에게 몰입하는 열정(상대에게 주는 사랑, 에로스의 사랑과 플라토닉의 사랑이 결합된 사랑)을 갖고 있어야 한다.

  또한 여자는 남자의 열정을 받아서 남자에 대한 사랑의 감정(남자의 사랑을 인식, 에로스의 사랑과 플라토닉의 사랑이 결합된 사랑)을 기초로 하여 남편 또는 자식에게 주는 사랑인 모성애(아가페의 사랑, 보여 지는 사랑)가 있어야 한다.

  행복한 인생을 위해서는 남자가 가진 무의식적 사랑과 좋은 기분에 몰입하는 열정, 여자가 가진 좋은 감정에 몰입하고자 하는 사랑과 무의식적 주는 사랑인 모성애가 결합되어야만 한다. 결국 행복한 인생은 남자와 여자가 개별로는 이룰 수 없는 인생이다.

남자의 열정은 '주는 사랑'으로 에로스 사랑과 플라토닉 사랑이 결합되어 있으며, 상대에게 지속적으로 사랑을 준다. 또한, 재미와 즐거움을 지속할 것이라는 막연한 미래행복을 추구한다. 여자는 남자의 열정을 '받는 사랑'으로 인식함으로써 현재행복을 가진다. 그러면 여자는 헌신적인 아가페 사랑인 모성애가 작용하고, 남자는 여자의 모성애를 받아들여 보호와 책임인 무의식의 사랑을 하게 된다. 이 순환구조를 갖게 될 때 남자는 미래행복을 추구하고 여자는 현재행복을 동시에 갖게 되면서 감동이 발생하고, 이 순환구조가 지속되면 감동 또한 지속된다. 이것이 남자와 여자가 함께하는 행복한 인생이다.

　남자의 무의식인 보호와 책임 그리고 열정, 여자의 사랑과 무의식의 모성애는 단순하게 판단하지 말아야 한다. 남자의 보호와 책임은 여자와 희로애락(喜怒哀樂)을 함께하면서 무의식의 사랑으로 형성되고, 열정은 미래행복의 에너지로 작용하기 때문에 보호와 책임 그리고 열정은 왜곡되지 않아야 한다. 또한 여자의 사랑은 무의식의 보호와 책임을 가진 남자로부터 열정을 받는 것이고, 모성애는 무의식의 보호와 책임을 가진 남자와 자식에게 헌신적으로 주는 무의식의 사랑이다.

　남자와 여자의 결합과 순환구조로 만들어지는 행복한 인생은 "감동"을 동반한다. 그래서 남자와 여자는 상대와 가족, 주변 사람들, 자신들과 관계되는 모든 대상에게서 감동하고, 감사하고, 행복함을 함께한다.

편안한 인생은 보기에는 편안해 보이니 행복하게 느껴질지는 모르겠지만, 실제의 마음과 심리에서는 상처와 불행을 갖게 되는 인생이다. 또한 즐거운 인생은 보기에는 재미있고 즐거우니 행복한 미래가 될 것이라고 생각할지는 모르겠지만 실제의 마음과 심리에서는 재미와 즐거움을 추구하는 쾌락이 넘쳐서 몸과 마음이 황폐화되어 결국에는 남는 것이 없는 허무한 인생이다. 따라서 지속적으로 감동을 느끼는 행복을 추구하는 인생이 인간으로서 살아가야 하는 목표이고 방향이 되어야 하는 것이며, 남자와 여자의 자아실현의 행복이다.

남자의 플라토닉 사랑과 에로스 사랑이 결합하는 열정과 아가페 사랑인 보호와 책임을 갖는 무의식의 사랑 그리고 여자의 플라토닉 사랑과 에로스 사랑의 결합인 사랑과 행복의 감정과 아가페 사랑으로서 조건 없이 주는 사랑인 모성애가 결합되어 순환하면 쉽게 만들 수 있는 것이 남자와 여자의 행복이다. 그래서 행복은 다른 곳에 있거나, 특정한 대상에게 있는 것이 아니라 자신의 의식과 무의식의 마음과 심리에 의하여 결정되는 것이다.

또한 행복한 인생을 살아가는 방법은 어렵지 않지만, 남자와 여자의 무의식을 알지 못하기 때문에 어떻게 해야 행복한 인생을 살 수 있는지 알 수 없다. 그래서 지금까지의 행복은 막연하고 추상적인 개념이었다고 할 수 있다. 그러나 행복은 멀리 있는 것이 아니다. 행복은 외부에 있거나 상대에게 있는 것이 아니다. 행복은 숨겨져서 보이지 않고 느껴지지 않는 자신의 무의식에 있으니 무의식을 알고 이해하고 찾아야만 한다. 이를 위하여 자신과 상대의 무의식을 정확히 알고, 마음의 원리를 알고, 이해와 배려를 하게 되면 행복한 인생을 살 수 있는 방법을 알게 된다.

3
행복의 심리

　남자는 미래행복을 추구하기 위하여 좋은 기분에 몰입하는 열정이 필요하고, 여자는 현재행복을 추구하기 위하여 좋은 감정에 몰입하는 사랑이 필요하다. 즉 남자는 열정을 갖도록 본능심리가 작용하고, 여자는 사랑을 갖도록 본능심리가 작용한다. 이 본능심리는 행복을 추구하는 행복기준에 맞추어서 감정이 발생하는 기준이다. 감정을 판정하는 기준인 감정기준을 갖고, 감정에 대하여 수용 또는 거부하여 마음을 보호하는 방어기준을 갖고 있으며, 남자의 기분과 여자의 감정을 생성하도록 하는 에너지인 충동기준을 갖고 있다.
　여자는 남자의 열정을 '남자의 사랑'으로 인식하고, 남자는 여자의 사랑을 '여자의 열정'으로 인식한다. 이는 남자와 여자가 행복을 추구하는 데 필요한 에너지를 교류하기 위하여 상호의 에너지를 자신의 에너지로 전환하는 기능의 하나로 작용하기 때문에 여자는 좋은 감정에 몰입하여 사랑을 갖기 위해 남자의 열정이 필요하고, 남자는 좋은 기분에 몰입하여 열정을 갖기 위해 여자의 사랑이 필요한 것이다. 그래서 여자의 사랑과 남자의 열정 중에 우선순위는 남자의 열정이라 할 수 있다.

따라서 여자는 자신이 여자라는 것을 인식하고, 여자의 4대 구성요소인 몸, 마음, 외형, 표현이 자연스럽게 조화를 이루면 남자에게는 좋은 기분에 몰입하는 열정이 자연적으로 발생한다. 즉 남자의 열정을 유발하기 위해서는 여자는 그냥 여자로서 존재하면 된다. 여자는 남자에게 사랑을 바라지 말고, 사랑받기 위해서 남자에게 맞춰주는 것도 하지 말아야 하며, 오로지 여자로서 존재하면서 남자의 열정을 받기만 하면 된다.

남자는 미래행복을 추구하고, 여자는 현재행복을 추구하는 행복기준을 갖고 있다. 이 행복기준은 의식과 무의식에 모두 작용한다. 따라서 이 행복기준에 의하여 무의식은 외부의 정보로부터 받아들여지는 감각정보에 감정을 결합할 때, 생각의 감정을 느낄 때, 감정을 기억할 때, 기억된 감정을 생각으로 기억해서 느낄 때, 감정을 표현할 때 등에서 작용한다.

남자는 좋은 기분에 몰입하는 열정을 통하여 즐거움의 좋은 기분을 갖고, 미래행복을 추구하기 때문에 현재행복보다는 미래행복을 중요하게 인식한다. 이는 남자가 좋은 기분을 기억하고, 나쁜 기분을 기억하지 않는 것과 밀접한 연관성을 갖고 있다. 만일 남자가 나쁜 기분을 기억하면 나쁜 감정으로 기억되는데, 기억된 나쁜 감정을 치료하려는 욕구를 갖게 되므로 나쁜 감정은 미래행복을 추구하는 마음과 심리의 행복기준에 방해요소가 된다. 그래서 나쁜 기분을 나쁜 감정으로 기억하지 못하도록 방어기준이 작용한다. 또한 좋은 기분을 기억하는 것은 미래행복을 추구하도록 하는 힘이 되기 때문에 지속적인 좋은 기분을 필요로 한다. 이것이 남자의 열정이고 삶의 활력과 에너지로서 작용한다.

만일 남자가 현재행복을 갖게 되면, 편안하고 여유로워지지만, 편안함을 유지하기 위해 열정이 없어지면서 미래행복이 차단된다. 그래서 남자는 현재행복을 갖게 된 후 일정기간이 지나면서 우울한 나쁜 감정을 갖거나, 삶의 의미와 가치를 잃어버리는 심리장애가 발생한다. 따라서 남자는 미래행복을 추구하면서 살아가도록 열정을 갖고, 재미있고 즐거움을 느끼는 좋은 기분을 필요로 하면서 미래행복을 추구하는 심리의 행복기준을 갖고 있는 것이다. 이것이 모든 남자의 심리기준이다.

여자는 받는 사랑과 주는 사랑을 통하여 현재행복을 추구하기 때문에 미래행복보다는 현재행복을 중요하게 인식한다. 또한 현재행복을 갖게 될 때 비로소 현재행복을 기준으로 한 미래행복을 생각할 수 있게 된다. 이는 나쁜 감정을 기억하고 좋은 감정을 기억하지 않는 것과 밀접한 연관성을 가진다. 만일 여자가 좋은 감정을 기억하면, 미래행복을 추구하기 위하여 지속적인 좋은 기분을 필요로 하는 열정을 갖게 되면서 주는 사랑과 받는 사랑이 중요하지 않게 된다. 그래서 좋은 감정을 기억하는 것은 현재행복을 추구하는 데 방해요소가 된다. 따라서 여자는 좋은 감정을 기억하지 못하도록 방어기준이 작용하는 대신에 현재행복을 느끼도록 하는 것이다. 또한, 여자가 나쁜 감정을 기억하는 것은 나쁜 감정을 치료하여 좋은 감정으로 전환하여 행복을 느끼기 위함이다. 스트레스와 상처의 나쁜 감정을 치료하면, 나쁜 감정이 무감정 또는 좋은 감정으로 전환되면서 이때 현재의 행복한 감정을 느끼고 현재행복을 갖게 된다.

그러나 여자가 미래행복을 추구하면 현재행복을 위한 사랑의 감정보다는 재미있고 즐거운 기분에 몰입하는 열정을 통하여 미래행복을 추구하게 되어 주고받는 사랑의 감정을 모두 잊게 되어 현재행복이 차단된다. 이럴 때 여자는 심리장애가 발생하고, 심리장애가 심각해지면 정신질환이 발생하기도 한다. 그래서 여자는 현재행복을 추구하기 위한 삶을 살아갈 수 있도록 사랑의 감정을 주고받으면서 현재행복을 느낀다. 이것이 모든 여자의 심리기준이다.

남자의 행복기준을 살펴보면, 남자의 본능심리는 미래행복을 추구하는 심리의 기준을 가지는데, 미래행복을 위한 기준은 남자의 열정과 성취와 성공의 욕구이다. 남자의 열정은 기쁨과 즐거움을 지속적으로 느끼고 유발함으로써 좋은 기분을 생성하는 원천이 되고 삶의 에너지가 되기 때문에 항상 열정을 갖고 있어야 한다. 이 열정은 좋은 기분에 몰입하는 것이기 때문에 여러 가지 대상에서 좋은 기분에 몰입하면서 열정을 가진다. 남자의 열정은 특정한 대상에 대한 호기심과 재미와 즐거움을 통하여 이를 반복할 때, 특정한 대상을 좋아하게 되면서 몰입하고, 좋은 기분을 지속한다. 그래서 남자의 열정은 남자가 미래행복을 추구하도록 하는 원동력이다.

성취와 성공의 욕구는 열정을 갖게 된 대상에 대한 목표를 이루고자 하는 욕구이며 사업, 일, 공부와 학력, 명예, 경쟁, 기타에서 성공과 목표를 설정하고 이를 이루기 위하여 몰입하게 되는데 이것은 열정과 함께 작용한다. 이는 미혼인 남성, 기혼인 남성, 이혼한 남성, 사별한 남성 모두에게 동일하게 적용되기 때문에 현재의 상황과는 관계없이 미래의 행복에 초점을 가진다.

따라서 남자의 본능심리에서 행복을 추구하는 심리의 기준은 미래행복을 추구하기 위한 열정과 성취와 성공의 욕구라고 할 수 있으며, 이에 맞으면 좋은 기분이 발생하여 미래의 행복을 추구하는 행복기준에 적용되기 때문에 좋은 기분을 수용하는 방어기준이 작용한다. 반면 심리의 행복기준에 어긋나면 나쁜 기분이 발생하기 때문에 나쁜 기분을 거부하는 방어기준이 작용한다.

남자는 현재의 행복을 느낄 수 없는 것이 정상적인 마음이고 심리인데, 만일 현재의 행복을 실제 느낀다면 이는 "무념무상(無念無想)"의 상황이 되어 미래도 없고 나쁜 기분도 좋은 기분도 없는 상태에서 어떠한 생각도 하지 않게 되어 미래의 행복을 차단한다. 이처럼 현재의 행복을 느끼는 것이 지속되면, 남자는 심리문제 또는 심리장애가 발생한다. 따라서 남자는 현재행복을 지속적으로 느끼지 못하도록 미래행복을 추구하는 심리의 기준을 갖고 있다. 오롯이 미래의 행복을 추구하도록 무의식이 작용하기 때문에 좋은 기분에 몰입하도록 열정을 지속하며, 성취와 성공의 욕구를 추구하면서 미래의 계획과 목표를 만들고 끊임없이 노력하고 몰입한다.

여자의 행복기준을 살펴보면, 여자는 현재의 행복을 추구하는 심리의 기준을 가지는데, 현재의 행복을 위한 심리의 기준은 사랑의 감정이다. 따라서 여자는 사랑의 감정을 통하여 나쁜 감정을 치료하여 좋은 감정을 생성하는 원천과 삶의 에너지가 되기 때문에 지속적으로 좋은 감정에 몰입하는 사랑을 추구한다. 이 사랑은 남자의 열정에서 비롯된 사랑의 감정을 받으며 발생하는 여자의 행복, 아내로서 남편에게 주는 사랑의 감정으로 발생하는 아내의 행복, 엄마로서 자식에게 주는 사랑의 감정으로 발생하는 엄마의 행복으로 구성되어 있다. 그래서 여자는 미래의 행복보다는 현재의 사랑과 행복을 추구하기 때문에 현재의 상황에 많은 영향을 받는다.

미혼인 여자는 남자로부터 사랑받는 현재의 행복을 추구하는 기준을 가진다. 기혼인 여자는 남자로부터 사랑받는 여자의 행복, 아내로서 남편에게 주는 사랑으로 발생하는 아내의 행복, 엄마로서 자식에게 주는 사랑으로 발생하는 엄마의 행복 등을 모두 충족하는 현재의 행복을 기준으로 한다. 이혼한 여자는 남자로부터 사랑받는 여자의 행복, 엄마로서 자식에게 주는 사랑으로 발생하는 엄마의 행복을 충족하는 현재의 행복을 기준으로 한다. 사별한 여자는 남자로부터 사랑받는 여자의 행복과 아내로서 남편에게 주는 사랑으로 발생하는 아내의 행복을 현실에 적용하지 못하고 정신적으로만 적용하면서 엄마로서 자식에게 주는 사랑으로 발생하는 엄마의 행복을 충족하는 현재의 행복을 기준으로 한다. 그래서 여자는 현재의 행복을 추구하는 심리의 기준을 갖고 있으며, 현재의 행복을 위한 기준은 사랑의 감정이다.

여자는 현재의 상황이 어떠한 경우가 될지라도 남자로부터 받는 사랑을 기초로 하며, 사랑을 느끼고자 하는 본능심리로 인하여 나쁜 감정을 심리로 받아들여 이를 치료함으로써 나쁜 감정을 좋은 감정으로 전환하여 사랑의 감정과 행복의 감정을 생성하고 느낀다. 여자에게 나쁜 감정이 발생하는 원천은 대부분 남자, 남편, 자식이다. 또한 나쁜 감정을 치료할 때 나쁜 감정을 치료해 준 남자 또는 대상에 대하여 좋은 감정이 함께 발생하면서 그 남자 또는 대상을 좋아하고 사랑하는 감정을 갖게 된다. 그래서 여자의 사랑은 여자가 현재의 행복을 추구하도록 하는 원동력이기 때문에 여자는 좋은 감정으로 사랑하는 대상에 몰입한다.

여자의 본능심리에서 행복을 추구하는 심리의 기준은 현재행복을 추구하기 위한 사랑이며, 사랑이 충족되면 좋은 감정이 발생하여 현재의 행복을 추구하는 심리의 기준에 맞게 되는 것이다. 나쁜 감정이 치료되지 않아 현재의 행복을 추구하는 심리의 기준에 어긋나게 되면 심리적 어려움과 고통을 느낀다.

정상의 마음과 심리를 가진 여자는 미래의 행복을 추구할 수 없다. 그러나 여자가 미래의 행복을 추구하게 되면, 현재의 사랑은 불필요하게 되고, 남자의 심리처럼 열정과 성취와 성공의 욕구를 추구하면서 나쁜 감정에 대하여 거부하는 방어기준이 작용하고, 기존에 기억된 나쁜 감정에 대해서는 기억하지 못하는 해리현상 또는 거부현상이 발생하면서 현재의 행복을 차단한다. 미래의 행복을 추구하는 현상이 지속되면 여자는 심리문제 또는 심리장애가 발생하면서 남자의 심리처럼 다양한 대상에 몰입하고 즐거움과 재미를 추구하는 목표를 갖게 되지만, 만족과 행복을 못 느끼게 된다. 따라서 여자는 미래의 행복을 추구하지 못하도록 현재의 행복을 추구하는 심리의 기준을 갖고 있다. 오롯이 현재의 행복을 추구할 수 있도록 무의식이 작용하여 좋은 감정으로 몰입하게 된다. 즉, 사랑에 몰입하게 되는 것이다.

행복은 "삶에서 기쁨과 만족감"을 가지는 것을 말하기 때문에 좋은 감정의 작용이라 할 수 있다. 인간의 감정을 희로애락(喜怒哀樂)

에 많이 표현을 하는데 희(喜)는 기쁨, 노(怒)는 노여움, 애(哀)는 슬픔, 락(樂)은 즐거움을 뜻하고, 좋은 감정은 희(喜)의 기쁜 감정과 락(樂)의 즐거운 감정이며, 나쁜 감정은 노(怒)의 노여움과 애(哀)의 슬픈 감정이다. 좋은 감정인 기쁨과 즐거움을 갖고 살아가는 것은 행복이고, 나쁜 감정인 노여움과 슬픔을 갖고 살아가는 것은 불행이다.

인간은 좋은 감정을 갖고 살아가는 것을 고유한 심리로 갖고 있으며, 나쁜 감정을 제거 또는 치료하여 좋은 감정으로 전환하는 고유의 심리를 갖고 있다. 이러한 고유의 심리가 작용하는 것이 본능심리이며, 모든 인간의 마음과 심리의 기준이고 인간이 태어나서 생애 기간 동안 절대 변하지 않는 심리이다.

본능심리는 의식과 무의식에 관계없이 인간이 고유하게 갖고 있는 심리이며, 남자와 여자에게 나타나는 본능심리가 전혀 다르다는 사실을 알지 못하면 서로를 이해하고 배려할 수 없다. 본능심리는 일명 행복심리라고도 하며, 이는 본능심리가 행복을 추구하는 심리의 기준이기 때문이다. 인간심리는 본능심리의 행복을 기준으로 의식과 무의식이 작용하고, 본능심리의 행복기준에 맞으면 좋은 감정을 갖게 되고, 행복기준에 어긋나면 나쁜 감정이 발생하여 이를 제거 또는 치료하기 위한 무의식이 작용한다. 이렇게 본능심리는 행복의 심리로서 인간이 행복을 추구하면서 살아갈 수 있도록 만드는 고유의 심리이다.

남자는 미래의 행복을 추구하는 기준을 갖고, 좋은 기분을 요구하는 열정과 성취와 성공의 욕구를 추구한다. 반면 여자는 현재의 행복을 추구하는 기준을 갖고, 나쁜 감정을 치료하여 좋은 감정으로 전환하여 느끼는 사랑을 추구한다. 그래서 남자는 마음과 심리에서 좋은 기분을 생성할 수 없기 때문에 재미와 즐거움의 좋은 기분을 외부로부터 받아들이도록 열정의 과정을 갖는 것이고, 여자는 스트레스와 상처의 나쁜 감정을 받아들여 치료하도록 사랑의 과정을 갖게 되어 마음과 심리의 내부에서 좋은 감정을 생산하기 때문에 외부에서 좋은 기분을 받아들이지 않는다.

남자의 본능심리는 좋은 기분을 외부로부터 지속적으로 받아들이기 위하여 좋은 기분에 대한 수용의 방어기준과 나쁜 기분을 받아들이지 않는 거부의 방어기준을 갖고 있다. 또한 여자의 본능심리는 나쁜 감정을 지속적으로 받아들이기 위하여 나쁜 감정에 대한 수용의 방어기준과 좋은 감정을 받아들이지 않는 거부의 방어기준을 갖고 있다. 이와 같이 본능심리의 방어기준은 본능심리의 행복기준이 작용하기 때문이다.

따라서 본능심리가 행복을 추구하는 기준을 갖기 위하여 수용의 방어기준과 거부의 방어기준의 통제체계를 갖고 있다. 이 방어기준에 의하여 남자와 여자가 서로 다른 행복을 추구할 수 있도록 의식과 무의식을 작용하도록 한다. 이것이 남자와 여자의 본능심리다.

1) 기혼여성의 행복

기혼여성의 행복을 알아보기에 앞서 먼저 기혼여성의 범위를 알아야 한다. 기혼여성은 결혼 후 남편과 자식이 함께 살고 있는 여성, 사실혼 관계 또는 동거를 하면서 남자와 자식이 함께 살고 있는 여성, 이혼을 했지만 이혼 후에도 남편과 자식이 함께 사는 여성 등을 말하며, 이 모두가 기혼여성의 행복을 추구한다.

기혼여성의 행복은 남편과 자식이 있는 여자를 말하며 애정관계에서 남자로부터 사랑을 받는 여자의 행복, 부부관계에서 남편에게 아내로서 사랑을 주는 아내의 행복, 자식관계에서 자식에게 엄마로서 사랑을 주는 엄마의 행복 등 세 가지의 행복이 동시에 충족되면 기혼여성은 현재의 행복을 가진다.

현재의 행복을 논하기에 앞서서 여자의 무의식에 작용하는 스트레스와 상처를 알아야 한다. 초혼인 여성의 경우에는 과거 남자관계에서의 스트레스와 상처가 무의식으로 작용하고, 재혼여성의 경우에는 과거 결혼생활에서의 스트레스와 상처가 무의식으로 작용한다. 이를 우선 정확히 알고 있어야 한다. 그런 후에 비로소 기혼여성의 현재의 행복을 이야기할 수 있다.

먼저 애정관계에서 남자로부터 사랑을 받는 여자의 행복을 살펴보면, 아내라는 여자는 남편이라는 남자의 사랑을 받음으로써 사랑의 감정과 행복의 감정을 갖게 되는 관계이다. 남편이라는 남자는 아내를 여자로 인식하면서 열정이 생성되어 심리작용의 욕구와 헌신과 희생의 욕구를 충족한다. 또한, 여자의 반응에 즐거움의 좋은 기분을 가지면서 미래의 희망과 기대감으로 열정적인 사랑을 여자에게 주게 되며, 여자는 자신에 대한 남자의 열정과 헌신과 이해와 배려 등의 노력을 필요로 하고, 여자가 남자에게 사랑을 요구하는 상호 간의 사랑관계가 형성된다.

다음은 부부관계에서 남편에게 아내로서 사랑을 주는 아내의 행복을 살펴보면, 아내는 남편에게 희생과 헌신을 하고, 남편의 반응에 의하여 행복 또는 상처를 가진다. 또한 남편은 무의식적으로, 희생과 헌신하는 아내를 보호하고 책임을 지고자 하는 마음이 만들어지면서 남편은 아내를 보호하고 책임지게 되고, 아내는 사랑의 감정과 행복의 감정을 갖게 된다. 이때 아내는 남편에게 사랑을 요구하거나 대가를 바라지 않고 무조건적인 무의식의 사랑을 주고 이 사랑에 대하여 남편으로서 보호와 책임의 역할을 충실하게 되면 아내로서 행복을 가진다.

다음은 부모자식관계에서 엄마로서 자식에게 사랑을 주는 엄마의 행복을 살펴보면, 엄마는 자식에게 무의식의 희생과 헌신의 모성애를 갖게 되면서 자식에게 희생과 헌신을 하고 자식의 반응에 의하여 행복 또는 상처를 가진다. 이때 엄마는 자식에게 사랑을 요구하거나 대가를 바라지 않고 무조건적인 무의식의 사랑을 주고 자식의 양육에 집중하면서 사랑의 감정과 행복의 감정을 갖게 된다. 이것이 엄마로서의 행복이다.

이때 기혼여성의 행복과 상처는 남편과 자식으로 인하여 발생하여 의식과 무의식에 영향을 받는다. 따라서 기혼여성의 행복에서는 무엇보다 '남편'과 남편이라는 '남자'를 분리하여 생각하고 무의식을 만드는 것이 중요하며, 자신은 '여자'와 '아내'와 '엄마'를 분리하여 생각하고 무의식을 만드는 것이 중요하다.

기혼여성의 세 가지의 행복에 대한 우선순위를 살펴보면 대부분 1순위는 부모-자식관계에서 엄마로서 자식에게 사랑을 줌으로써 느껴지는 엄마의 행복을 추구하고, 2순위는 부부관계에서 아내로서 남편에게 사랑을 줌으로써 느껴지는 아내의 행복을 추구하며, 맨 마지막의 3순위로 애정관계에서 여자로서 남편이라는 남자에게서 사랑을 받음으로써 느껴지는 여자의 행복으로 볼 수 있다. 그러다 보니 기혼여성은 자신이 여자라는 생각을 거의 하지 못하게 되는 현상이 발생한다. 대부분의 기혼여성이 이에 해당된다. 이 과정에서 남자의 사랑을 받지 못한 채 남편과 자식에게 사랑을 주면서 남자, 남편, 자식에 의하여 상처를 입는 경우가 대부분이다. 그래서 기혼여성의 상처는 남편이라는 남자, 남편, 자식에 의하여 형성되는 것임을 알 수 있다. 이는 모성애가 무의식으로 작용하고, 받는 사랑은 현재의 의식으로 느끼는 것이기 때문에 모성애가 우선적으로 작용하는 것이다. 기혼여성에게는 당연한 것이다. 이 사실을 알지 못하면 무의식이 작용하면서 남편, 남편이라는 남자, 자식 등에게 상처를 받으며 살게 된다.

　기혼여성이 행복하게 살기 위해서는 우선순위의 변화가 반드시 필요하다. 먼저 1순위는 애정관계에서 남편이라는 남자에게 사랑을 받는 여자의 행복을 추구해야 하고, 2순위로 부부관계에서 아내로서 남편에게 사랑을 주는 아내의 행복을 추구하고, 이후 3순위로 자식관계에서 엄마로서 자식에게 사랑을 주는 엄마의 행복을 추구하는 것이 가장 이상적이다.

　부부관계는 남자와 여자의 관계로서 구성되기 때문에 부부관계를 행복하게 지탱하는 가장 큰 원동력은 남자와 여자의 애정관계이다. 이 애정관계는 남자가 여자에게 열정을 갖고, 여자는 남자의 열정을 사랑으로 인식하면서 사랑받고 있다는 행복을 가지는 관계이다. 따라서 남편이라는 남자의 열정과 아내라는 여자의 사랑이 결합할 때 부부관계는 행복할 수 있다. 여자의 행복을 기초로 하여 남편에게 사랑을 줌으로써 느끼는 아내의 행복, 자식에게 사랑을 줌으로써 느끼는 엄마의 행복을 자연스럽게 만들게 된다.

2) 미혼여성의 행복

미혼여성의 범위를 생각해 보자. 부모님과 함께 살면서 부모님으로부터 양육되는 과정에 있는 미혼여성의 경우에는 해당되지 않는다. 여성의 나이가 아무리 많더라도 부모님과 함께 살면서 부모님으로부터 사랑받는 관계에 있게 되면 미혼여성의 행복을 추구하는 것이 아니라, 자식으로서의 행복을 추구하는 것일 뿐이다. 따라서 여기서 이야기하는 미혼여성이라 함은 부모님으로부터 독립하여 혼자 사는 여성, 이혼을 하고 혼자 사는 여성, 사별을 하고 혼자 사는 여성, 기혼여성이지만 별거 또는 상황에 의하여 혼자 사는 여성 등을 말한다.

미혼여성의 행복은 여자의 행복만 충족되면 행복하게 되며, 이는 사랑을 바탕으로 하는 현재의 행복이다. 미혼여성의 행복을 분석할 때는 미혼여성 또는 혼자 살고 있는 이혼여성, 혼자 살고 있는 사별여성 등이 동일하게 여자의 행복만 충족되면 행복감을 가지게 되는 것을 알 수 있다. 또한 사랑이라는 것이 반드시 남자로부터 애정관계의 사랑만을 의미하지는 않는다. 남자이든 여자이든 어떤 특정한 대상이든 상관없이 좋은 감정으로 갖고 몰입하는 사랑을 의미한다. 다만, 인간관계에서 애정관계의 사랑을 이야기하는 것이기 때문에 남자와의 애정관계에서의 사랑을 기준으로 설명하겠다.

미혼여성의 행복을 분석하기 전에 상처의 감정을 알아야 하는데 미혼여성은 과거 남자관계와 애정관계에서의 상처가 무의식으로 작용하기 때문에 과거 애정관계에 대한 무의식을 분석해야만 한다. 그래야 현재에 영향을 주고 있는 습관과 무의식을 알 수 있다.

여자의 행복은 남자에게서 사랑을 받는 것이 중요한데, 남자의 사랑은 우선 남자가 상대를 여자로 인식하여 좋은 기분에 몰입하는 열정이 생기는 것이 필요하다. 이때 남자가 상대를 여자로 인식하기 위해서는 상대가 신체, 심리, 외형, 표현의 네 가지 요소가 조화를 이루어 여자로서의 매력을 갖고 있어야 한다. 이때, 남자는 상대를 저절로 여자로 인식하면서 좋은 기분과 함께 열정이 생긴다. 남자의 의도적이고 생각으로 작용하는 열정은 오래 지속되지 못한다. 남자는 열정이 만들어지면 여자에게 심리작용의 욕구와 헌신의 욕구가 생기면서 성취와 성공 그리고 성욕으로 발전한다. 또한 여자는 자신에 대한 남자의 열정과 헌신을 통하여 좋은 감정과 사랑의 감정을 갖게 되고 행복을 느낀다. 이것이 여자의 행복이다.

여자의 행복은 애정관계가 중요한데, 애정관계는 남자의 열정과 헌신에 의하여 성적충족과 미래행복을 추구하는 심리작용과 여자의 사랑과 행복에 의하여 성적확인과 만족의 현재행복의 심리삭용이 결합된 관계에서 발생한다.

이때 여자가 치료되지 않은 마음의 상처를 갖고 있으면 여자는 위로와 치료의 욕구를 갖게 되고, 위로와 치료가 되면 치료해 준 대상을 좋아하고 사랑하는 감정이 생기게 된다. 결국 여자의 상처 또는 행복은 남자와의 심리작용의 결과로 발생하는 것이며, 이 과정이 지속적으로 반복되면서 습관이 형성되고 무의식이 작용한다. 따라서 여자는 자신의 상처를 살펴서 사랑으로 치료해야 한다. 만일 위로에 의하여 자신의 상처가 치료된 것으로 착각하는 경우 또는 왜곡된 남자의 열정에 의하여 마치 과거의 상처가 치료된 듯 느끼는 경우에서는 사랑의 착각과 행복의 착각이 발생하면서 여자는 행복의 감정을 착각하여 느끼게 되면서 행복을 느끼는 것은 잠깐이지만, 매우 불행한 마음이 된다. 따라서 여자는 과거 남자관계와 애정관계에서 발생한 치료되지 않은 상처로 형성된 무의식을 정확히 분석하여 상처를 치료하고 마음을 행복하게 할 필요성이 있다.

3) 이혼여성의 행복

먼저 이혼여성의 범위를 설정해야 한다. 이혼여성에는 이혼 후 남편 없이 자식과 함께 사는 여성, 결혼을 한 기혼여성이지만 별거 또는 상황에 의하여 남편 없이 자식과 함께 사는 여성, 미혼여성 중에 미혼모 또는 자식과 함께 사는 여성 등이 해당된다. 이혼여성의 행복은 자식과 함께 살고 있는 이혼여성 또는 자식과 함께 살지 않는 이혼여성이 느끼는 행복으로 구분할 수 있는데 자식과 함께 살지 않는 이혼여성은 미혼여성의 행복과 동일하게 작용한다. 따라서 이혼여성의 행복을 말할 때는 자식과 함께 살고 있는 여성을 의미한다.

특히 이혼여성의 경우에는 여자인 딸 또는 남자인 아들의 양육방식에 문제가 발생할 가능성이 높기 때문에 마음과 심리의 원리를 정확히 아는 것이 반드시 필요하다. 여자의 심리와 남자의 심리를 모른 채 자녀를 양육하는 것은 여자인 엄마의 심리만으로는 어려움이 많기 때문이다. 특히 남자인 아들의 심리는 여자인 엄마의 심리와 다르기 때문에 남자인 아들의 양육과정에서 문제와 어려움이 발생할 가능성이 높고, 남자인 아들의 경우에도 여자인 엄마의 심리에만 영향을 받기 때문에 남자의 심리를 학습할 수 없게 되면서 문제 또는 어려움이 발생할 가능성이 높다. 이혼가정에서 청소년이 어긋나는 경우가 많이 발생하는 이유이기도 하다.

이혼여성의 행복은 여자의 행복과 엄마의 행복이 함께 충족이 될 때 행복을 가진다. 이는 남자로부터 사랑을 받는 행복과 엄마로서 자식에게 사랑을 주는 행복이 공존해야 하는 것이다. 그러나 우선순위를 잘못 두어 이혼여성이 불행하게 사는 경우가 많다. 특히 여자의 행복 또는 엄마의 행복 중 어느 일방으로 치우쳐진 행복만을 추구하게 되면서 심각한 심리장애를 갖게 된다.

그러다 보니 이혼한 여성의 경우에는 여자의 행복만을 추구하게 되면 엄마의 행복을 포기하게 되면서 모성애가 사라지게 되고 남자의 사랑을 받는 것이 행복이라고 인식하게 되는 경우가 많다. 엄마의 행복만을 추구하게 되면 여자의 행복을 포기하게 되면서 자식들에게 집착하게 되는데, 이때 자식들은 큰 심리적 부담을 느끼며 심리장애가 유발하는 경우도 많다. 이처럼 여자의 행복 또는 엄마의 행복이 병행되지 못한 채 어느 일방의 행복으로만 추구하면서 불행한 삶을 사는 경우가 대부분이다.

대부분의 이혼여성은 1순위로 엄마로서 자식에게 사랑을 주는 행복을 추구하고, 2순위로 여자로서 남자에게 사랑을 받는 행복으로 살고 있다. 이는 모성애는 무의식이 작용하고, 사랑은 의식으로 작용하기 때문에 나타나는 현상이다. 그러나 이렇게 되면 여자의 행복보다는 엄마의 행복을 추구하면서 자식은 부담감을 갖고 강박이 형성되고, 엄마는 자식에 대한 왜곡된 애착관계를 갖게 되어 자식을 위하여 희생하는 삶을 살면서 이를 행복이라고 생각한다. 이는 사실 매우 불행한 삶이 되고 아이들도 어려움을 겪게 되는 원인이다.

따라서 이혼여성의 행복은 1순위로 여자로서 남자에게 사랑을 받는 행복을 추구하고, 2순위로 엄마로서 자식에게 주는 행복을 추구하는 것이 이상적이다. 이를 습관화 하여 무의식으로 작용하도록 해야 한다. 그래야 남자에게서 사랑을 받는 행복을 갖고 이 행복을 기초로 자식에게 헌신적인 사랑을 줌으로써 엄마로서의 행복도 동시에 가질 수 있게 된다.

남자에게 사랑을 받아 과거의 상처를 위로받는 것보다는 남자의 열정과 헌신, 이해와 배려가 결합된 사랑을 받는 것이 중요하다. 그래야만 현재의 행복을 갖게 되면서 엄마로서도 안정적인 모성애의 작용과 함께 자식을 행복하게 양육할 수 있게 되어 자식도 심리안정을 갖게 된다. 또한 남자에게 사랑을 받게 되면 남자를 남편과 동일시하려는 욕구가 발생하게 되어 재혼을 생각하게 된다.

이혼여성은 행복과 상처가 대부분 자식에 의하여 만들어지기 때문에 남자에게 사랑을 받은 행복으로 상처를 치료하는 지혜가 필요하다. 그래야 자식에게 자신의 상처를 대물림하지 않는다. 이와 같이 이혼여성은 여자와 엄마를 분리하여 생각해야 하며, 여자로서 남자를 만날 때는 엄마로서 하는 표현을 삼가야만 남자는 열정이 생성, 유지, 발전될 수 있다. 남자는 여자로 인식될 때 열정이 발생하기 때문이다. 또한 사랑을 하는 남자를 남편으로 동일시하는 무의식이 작용하게 되어 의식으로 전환되면 상처로 작용하여 오히려 불행해진다.

4) 사별여성의 행복

사별여성의 행복을 분석하는 것이 제일 난해하고 어렵다. 왜냐하면 사별여성은 사별한 남편인 남자에 대한 정신적인 교감을 하기 때문이다. 이 정신교감은 사별을 할 당시의 감정을 기억하면서 수년 이상 오랫동안 유지하기 때문에 애정관계에서 남편이라는 남자에게 사랑을 받는 여자의 행복, 부부관계에서 아내로서 남편에게 사랑을 주는 아내의 행복이 모두 현실에서 느끼는 행복이 아니라 정신적인 교감에 의하여 현재는 느끼지 못하는 행복의 감정이기 때문이다. 따라서 사별여성의 행복은 엄마로서의 행복만 현실에 존재하고 여자의 행복과 아내의 행복은 정신교감으로 대체가 되어 무의식이 작용한다.

결국 여자는 사랑을 기초로 하는 현실행복을 갖고자 하는 본능심리가 작용하는데, 사별여성의 경우에는 사랑을 기초로 하고는 있지만, 엄마의 행복만 현실의 행복으로 추구하고, 여자의 행복과 아내의 행복은 정신교감으로 과거의 행복에 머물러 있게 되면서 의식과 무의식에 문제가 발생한다. 그래서 사별여성은 우울증과 같은 심리장애가 흔히 발생한다.

사별여성의 경우에도 이혼여성과 마찬가지로 자식이 있는 경우에는 여자인 딸 또는 남자인 아들의 양육방식에 문제가 발생할 가능성이 높기 때문에 반드시 남자와 여자의 마음과 심리의 원리를 알아야 할 필요가 있다. 여자의 심리와 남자의 심리를 모른 채 자녀를 양육하는 것은 여자의 심리만으로는 어려움이 많기 때문이다. 남자인 아들의 심리는 여자인 엄마의 심리와 다르기 때문에 남자인 아들의 양육과정에서 고통과 어려움이 발생할 가능성이 높고, 남자인 아들의 경우에도 여자인 엄마의 심리에서만 영향을 받기 때문에 남자의 심리를 학습할 수 없게 되면서 심리문제와 심리장애가 발생할 가능성이 높다.

특히 사별여성은 남자와 남편이 정신교감을 이룰 뿐 현실에는 존재하지 않기 때문에 자식에게 주는 사랑인 엄마의 행복에 집착을 하는 경우가 많은데, 이렇게 자식에게 집착하게 되는 경우에 자식은 심리적 부담과 강박이 형성된다. 엄마는 자식에 대한 왜곡된 애착관계를 갖게 되어 자식을 위한 삶을 살면서 희생하는 삶을 행복이라고 생각한다. 이 또한 사별여성과 자녀들이 불행한 삶을 살게 되는 원인이다.

따라서 사별여성은 우선순위가 존재하지 않고 엄마의 행복만 존재한다. 만일 자식이 있는 사별여성의 경우에는 이혼여성의 행복으로 전환해야 하고, 자식이 없는 사별여성의 경우에는 미혼여성의 행복으로 전환해야 한다. 이를 위하여 사별여성은 여자의 행복과 아내의 행복에 대하여 현재에서 느끼면서 살아갈 수 있는 방법을 찾아서 선택하고 결정해야만 한다. 다만 사별 당시의 감정기억으로 정신교감을 하는 기간에는 여자의 행복과 아내의 행복을 따로 선택하고 결정을 할 수 없다.

사별여성의 이상적인 행복은 사별 당시의 남편과 남편이라는 남자에 대한 감정기억을 모두 수용하고 사별의 상처를 치료하면서 열정을 갖고 헌신적인 노력을 하는 남자를 만나는 것이 필요하다. 사별여성은 이 남자에게서 사별 당시 남편에 대한 감정을 동일시하면서 남자의 사랑을 받는 여자의 행복, 사별 당시 남편에 대한 감정을 동일시하고 아내로서 남편에게 사랑을 주는 아내의 행복을 갖도록 하는 것이다. 이렇게 사별여성이 행복을 갖게 되면 사별의 상처는 행복의 추억으로 전환되고, 자식은 심리안정을 갖게 된다. 이때 남자의 열정은 왜곡되지 않아야 하고, 사별여성도 자신의 상처의 감정을 치료하기 위한 욕구가 작용할 때 위로를 받기 보다는 사랑을 받아서 치료하도록 하는 지혜가 필요하다. 그렇지 않으면 사별여성은 더욱 큰 상처의 고통을 갖게 되고 불행한 삶을 살게 된다.

5) 남자의 행복

남자의 행복추구는 기혼남성, 미혼남성, 이혼남성, 사별남성 모두가 동일하게 작용하는데 이는 현재행복보다는 미래행복을 추구하는 본능심리 때문이다. 따라서 아내, 자식, 사랑하는 여자 등은 오랜 습관에 의한 무의식에서 자기 자신과 동일시하여 편안하고 안정적인 상태를 유지하는데 이는 본능심리에 의하여 무의식이 작용하는 남자의 사랑이고 심리안정이다.

아내, 자식, 사랑하는 여자 등에 대한 사랑은 인식하지 못하고 자각하지 못하며 보이지 않는 본능심리에 의한 무의식이 작용하기 때문에 무조건적이고 제한과 기한이 없는 보호와 책임을 갖게 된다. 이 무의식의 사랑은 위기에만 나타나는 특징이 있다. 남자의 사랑은 여자의 모성애와 같은 것으로서 여자의 모성애는 현실의 행복으로 나타나고 희생과 헌신을 통하여 행복을 갖지만, 남자의 사랑은 위기 때만 나타나기 때문에 평상시에는 안정과 편안함을 느끼도록 한다. 또한 이 무의식의 사랑은 생애 동안 오롯이 한 번만 형성되기 때문에 이혼, 별거, 사별 등에 의하여 아내와 자식과 이별하게 되더라도 무의식의 사랑은 죽는 날까지 지속된다. 그래서 남자는 결혼을 무덤이라고 할 만큼 무의식의 사랑은 매우 중요하다.

남자는 좋은 기분에 몰입하는 열정을 기초로 하여 성욕(Libido)과 성취의 욕구를 갖게 되면서 미래행복을 추구하는 본능심리를 갖고 있는데, 이때 성욕은 섹스를 의미하는 것이 아니라 삶의 에너지이며 본능심리의 충동기준에서 발생한다. 또한 열정과 성욕과 성취의 욕구는 별개로 작용하는 것이 아니라 동시에 작용한다.

남자는 미래행복을 추구하기 위하여 열정과 성취의 욕구를 갖고 성공, 사회지위, 명예, 학위와 지식, 경제력, 경쟁우위… 등을 추구하기 때문에 상처의 감정을 기억하지 않고 즐거운 기분을 추구하는 본능심리를 갖고 있다. 따라서 남자는 현재의 행복보다는 지속적인 미래행복을 추구하는 것에 중요한 가치를 가진다.

남자의 열정, 성욕, 성취의 욕구는 모두 같은 무의식의 작용으로 동시에 발생하고, 동시에 작용한다. 따라서 남자에게 우울증은 열정, 성욕, 성취의 욕구가 모두 없어지면서 미래행복이 차단될 때 발생한다. 이는 심각한 심리장애를 동반하며, 자살로 이어질 확률이 매우 높아서 위험하다. 이는 여자의 우울증과는 전혀 다르게 작용하는 것을 알아야 한다.

따라서 남자는 상대를 여자로 인식하게 되면 본능심리가 작용하여 열정이 생성되고, 이와 동시에 재미와 즐거움을 갖게 되고 삶의 에너지인 성욕(Libido)이 발생하면서 성취의 욕구가 강화된다. 그래서 여자에 대한 말과 행동과 표정을 주고받는 심리작용의 욕구와 헌신의 욕구가 발생하여 이해와 배려를 지속적으로 할 수 있게 되면서 여자와의 성관계를 원하게 된다. 이것이 여자에게는 남자의 관심과 사랑으로 인식되어 남자와의 성관계를 통하여 사랑을 확인하고 현재의 행복을 가지게 된다. 이 순환구조가 바로 사랑과 행복이다.

여자는 사랑의 과정을 중요하게 인식하는 것과 같이 남자는 열정의 과정을 중요하게 인식하기 때문에 열정을 갖고 심리작용과 헌신의 욕구를 충족하는 과정이 중요하다. 즉 남자는 여자와 성관계를 목적으로 하는 것이 아니라 실제로는 열정생성, 심리작용, 헌신, 이해와 배려 등을 가지는 "열정의 과정"을 목적으로 하고 있고 이 결과로 성관계의 희망과 기대감을 갖는 미래행복을 추구하는 것이다. 따라서 여자는 사랑을 추구하고 남자는 성관계를 추구하는 것처럼 인식된다.

6) 남자의 사랑

남자의 사랑은 무의식의 사랑으로서 무의식으로 형성된 보호와 책임이다. 남자의 행복은 열정을 기초로 하여 열정의 과정에서 발생하는 미래행복을 추구하면서 형성되기 때문에 현재의 행복이 중요한 것이 아니라 미래의 행복이 중요하다. 따라서 남자는 현재의 행복을 알지 못하고 오롯이 미래의 행복만을 쫓기 때문에 마치 행복이라는 신기루를 향하여 살아가는 것이 삶의 의미이고 삶의 가치이며 행복이고 힘이 된다는 것을 알아야 한다.

또한 남자의 사랑은 오랫동안 습관인 무의식으로 형성되는데 자신과 동일시하는 현상에서 발생되는 보호와 책임을 갖게 되어 이를 안정화시키고 편안하게 만드는 본능심리가 작용할 때 비로소 사랑을 하게 되는데 이 사랑은 보호와 책임의 불안과 위기에서만 작용하기 때문에 남자의 사랑이 무의식으로 표현되는 것은 보호와 책임에 대한 불안과 위기에서만 볼 수 있게 된다. 그래서 남자의 사랑은 무의식의 사랑이라고 하고 무의식에 존재하는 것이라 할 수 있다. 일상생활에서 남자가 말과 행동과 표정으로 표현하는 사랑은 성욕과 열정이 발생하여 심리작용의 욕구에 의한 이해와 배려의 하나일 뿐, 실제 남자의 사랑은 아닌 것임을 알아야 한다.

그렇다면 남자의 사랑은 어떻게 형성되는지 살펴보자. 남자는 먼저 상대를 여자로 인식하게 되면 본능심리에 의하여 열정이 발생하게 되는데, 이 열정은 심리작용의 욕구에 의하여 이해와 배려의 말과 행동을 하게 되고, 헌신의 욕구에 의하여 희생과 헌신을 지속한다.

이 과정이 반복되면서 습관이 만들어지는데, 이 과정에서 상대 여자의 헌신적인 사랑을 받게 된다. 이것이 오랜 시간 지속되면 남자는 여자를 보호하고 책임을 지면서 관계를 유지하여 미래행복을 추구하는 핵심으로 작용하면서 상대를 자신과 동일하게 인식하여 자신과 동일시하는 현상이 발생하고, 상대 여자에 대한 조건, 제한, 한계, 기간을 갖지 않는 보호와 책임이 형성된다. 이때 열정, 성욕, 성취의 욕구가 매우 강화되어 미래행복을 추구하는 가장 큰 힘이 발생하게 되고, 본능심리에 의하여 무의식이 작용함으로써 의식과 무의식에 모두 적용하게 된다.

이것이 남자의 사랑이 만들어지는 과정이다. 따라서 남자의 사랑은 자신과 동일시하는 현상과 보호와 책임이 동시에 작용하기 때문에 평상시에는 무의식의 사랑이 표현되지 않고 오롯이 편안하고 안정적으로 유지될 수 있도록 해야 남자는 자신이 안정되고 편안해지면서 외부 대상에 열정을 갖고 성취의 욕구를 강화시켜 갈 수 있다.

그러나 자신에게 보호와 책임에 대하여 위기 또는 어려움이 형성되거나 무의식의 사랑에 문제가 발생하게 되면, 매우 큰 고통을 겪게 된다. 그리고 본능심리에 의하여 무의식이 작용하면서 이 무의식의 사랑을 지키려고 노력한다. 이때는 미래행복의 가치보다 무의식의 사랑을 지키려는 힘이 더욱 강화된다.

남자가 자신의 미래행복을 위하여 보호와 책임인 무의식의 사랑을 단절하는 행동을 하는 경우가 있는데, 스트레스를 받는다고 자신이 주도적으로 이혼하는 경우, 사랑하는 여자를 쉽게 버리는 경우가 해당된다. 이렇게 무의식의 사랑을 버리게 되면 다른 어느 누구에게도 무의식의 사랑이 없는 상태가 된다.

또한, 남자 자신의 미래행복을 추구하기 위하여 보호와 책임인 무의식의 사랑을 이용하는 행동을 할 수도 있다. 사랑하는 사람을 이용하여 자신의 미래행복을 추구하는 것으로서 고의 사고에 의한 경제적인 이익을 추구하는 경우, 스와핑과 같은 성관계를 통하여 아내를 이용하여 다른 여성들과 섹스를 즐기려는 행동을 하는 경우, 자신의 사업과 목적을 위하여 아내 또는 자식을 이용하는 행동을 하는 경우… 등이 이에 해당된다. 이와 같은 경우가 발생하면 이는 무의식의 사랑이 없는 것보다 훨씬 못한 쓰레기만 못한 남자라고 할 수 있다.

따라서 남자의 사랑은 위기 때만 나타나며, 위기를 겪을 때 그 남자의 진정한 무의식의 사랑이 나타난다. 비록 남자 자신의 잘못으로 인하여 위기를 겪게 되더라도 무의식의 사랑이 나타나면서 수단과 방법을 가리지 않고 아무리 자신에게 스트레스가 작용되더라도 사랑하는 사람을 보호하고 책임을 지면서 무의식의 사랑을 지키고 안정을 갖도록 하기 위한 노력을 지속한다. 이는 남자 자신의 열정과 성취의 욕구를 모두 차단하더라도 우선으로 처리한다. 즉 자신의 열정과 성취의 욕구에 의한 미래행복의 가치보다 무의식의 사랑을 훨씬 중요하게 인식하는 것이다. 이러한 행동은 무의식에 의하여 말과 행동과 표정으로 나타난다.

7) 부부행복

남편의 미래행복추구와 아내의 현재행복을 일체화하는 것이 부부의 행복이다. 여자가 남자에게 사랑을 받았다는 말은 여자가 남자에게 사랑을 받을 때, 남자의 열정과 여자의 사랑에 교감을 이루고 애정관계에서 여자의 행복을 느낀다는 것이다. 또한 아내로서 행복을 가지게 되는 것은 아내로서 남편에게 사랑을 줌으로써 행복을 갖는 것이기 때문에 결국은 부부관계의 교감을 갖는 것이다. 즉 애정관계이든 부부관계이든 성관계(Sex)를 매개로 하여 남자의 열정과 여자의 사랑이 교감을 이루었다는 것이다.

그러나 대부분은 부부 간의 애정관계보다는 부부관계를 더욱 중요하게 생각한다. 애정관계는 마치 부부가 아닌 것처럼 인식하기 때문이다. 그러나 엄격하게 구분하면 성관계(Sex)는 부부관계가 아니라 애정관계에서 남자의 열정과 여자의 사랑이 교감하는 것이다. 애정관계에서는 성관계(Sex)를 매개로 한 남자의 열정과 여자의 사랑이 교감하지만, 부부관계에서는 정신적인 교감을 이룬다. 따라서 부부관계는 반드시 애정관계를 기초로 해야만 행복할 수 있다.

부부관계에서는 아내가 남편에게 사랑을 주면 남편이 기뻐하고 즐거워할 때 아내는 행복을 느끼면서 교감을 이루고, 부모자식관계에서는 엄마로서 자식에게 사랑을 주면 자식들이 기뻐하고 즐거워할 때 엄마는 행복을 느끼면서 교감을 이룬다. 이것이 여자가 느끼는 현재행복이다.

반면 남자의 미래행복은 열정과 성취의 욕구를 기초로 하여 추구하는 것으로 여자의 행복과 관련되지 않는다. 그러나 무의식의 사랑을 갖게 되면 소중한 사람들, 남자 자신화가 된 사람들, 이것을 자기 동일화 현상이라고 하는데, 이것을 남자의 교감이라고 한다. 자기도 모르는 무의식의 사랑에서 형성되는 현상이다.

여자가 현재행복을 갖게 되면, 남자는 자신도 모르게 심리적으로 교감을 이루면서 현재행복을 느낄 수 있기 때문에 심리가 안정되고 편해지면서 열정과 성취의 욕구가 훨씬 강화된다. 그래서 남자는 열정과 성취의 욕구가 강화되고 활성화되면 심리적으로는 편안함을 느끼게 된다. 여자를 만났을 때 남자의 마음이 편안해지면 열정과 성취의 욕구가 상대 여자에게로 향한다.

따라서 남자들이 항상 하는 말이 있다. "내가 돈을 왜 버는데? 처자식이 편안하고 행복하게 잘 살려면 돈이 필요하니까 이렇게 죽어라 버는 것 아니냐?" 반면 여자는 남자에게 "자기가 하고 싶어서 하는 것이지."라고 일축한다. 이는 남자와 여자가 서로의 마음과 심리가 작용하는 원리를 알지 못하기 때문에 하는 말이다.

교감은 많이 발생한다. 여자로서 남자에게 사랑을 받으면서 교감이 생기고, 아내가 남편에게 사랑을 줌으로써 남편과 교감하며, 엄마가 자식에게 사랑을 줌으로써 교감한다. 그렇게 여자가 행복해지면 남자는 자기 자신화가 되는 무의식의 교감을 하게 되어 열정과 성취의 욕구가 활성화된다. 그러면 이렇게 활성화된 열정과 성취의 욕구를 다시 여자와 교감하면서 여자에게 사랑을 주고... 이렇게 순기능의 구조를 갖게 되는 것이 남녀관계인 부부관계의 행복을 위한 교감이다.

　이 마음과 심리의 작용에 대한 원리를 여자가 모르면 부부는 행복할 수 없다. 남자가 느끼는 교감은 무의식의 사랑으로 나타나기 때문에 현재는 보이지 않으면서 존재한다. 그런데 여자가 이를 모르고 있기 때문에 남자가 여자에게 열정과 성취의 욕구를 줄 수 없게 되는 것이다. 주고 싶어도 줄 수 없다. 바로 아내들은 자신이 여자라는 것을 잊고 산다. 따라서 이 순환구조가 끊이게 되면서 부부의 행복을 위한 교감이 중단된 채 살게 된다. 교감을 할 수 없게 될 때 남자는 여자에 대한 열정이 사라지고, 여자는 남자로부터 받는 사랑이 사라진다. 결국 남자는 여자로 인식될 때 교감을 할 수 있는 열정이 생긴다. 그래서 남자의 습관은 여자가 만들어 주는 것임을 알아야 한다. 남자는 여자하기에 달려 있다.

4
몸과 마음

 사람과 인간은 몸과 마음으로 구성되어 있다는 사실은 누구나 알고 있다. 신체인 몸은 두뇌, 다섯 개의 감각기관, 피부, 신체장기, 혈액 및 호르몬, 기타 DNA로 구성된 세포 등으로 구성되어 있고 눈으로 볼 수 있기 때문에 쉽게 알 수 있으며, 사실을 검증하기 쉽다. 신체는 인간이 생존하는 데 꼭 필요한 것이고 실제 존재하며 눈에 보이는 것이다. 반면 마음은 몸의 어디에 있는지 보이지 않기 때문에 뇌에 있을 것이라 예상할 뿐이다. 현재 이를 위한 연구를 많이 하고 있다.

 마음과 심리는 추상적이기 때문에 "~할 것이다."라고 생각할 수 있지만, "~하다."라고 확신할 수 없다. 마음은 보이지 않기 때문에 검증되지 않다 보니 어쩔 수 없는 현상이다. 심리는 마음이 어떻게 작용하는지, 의식하는 상태가 어떤 상태인지를 표현한다. 그래서 마음과 심리는 사실상 같은 말인데, 마음은 "감정이 저장된 장소"를 의미하는 것이고 심리는 "감정의 작용"을 의미하는 말이라 할 수 있다. 따라서 여러분이 상식적으로 알고 있는 것은 결국 심리라고 할 수 있다. "마음이 아프다.", "마음이 슬프다."라고 이야기할 때, 생각으로 느껴지는 것을 마음이라 하고, 마음이 느껴지도록 하는 것이 심리이다.

몸과 마음은 하나로 결합되어 있기 때문에 신체에 문제가 발생하면 마음에도 문제가 발생하는데 이를 "심리화현상"이라고 하며 신체의 질병, 사고, 손실 등으로 인하여 심리의 어려움과 고통을 갖게 되면서 마음에 문제가 발생하는 현상이라 할 수 있다. 수술 후유증으로 발생하는 심리문제, 교통사고로 인하여 신체장애가 발생할 때 심리적인 어려움을 겪는 문제, 화상사고로 인하여 은둔형 외톨이로 외롭게 살아가는 현상… 등 신체의 문제로 인하여 심리의 고통을 겪는 사례는 많다.

또한, 마음에 문제가 발생하면 신체에도 문제가 발생하는데 이를 "신체화현상"이라고 하며 심리장애로 인하여 신체질병의 증상으로 어려움을 겪세 되는 현상이라 할 수 있다. 신체질병의 증상이 발생하여 병원을 찾아가서 진단을 받더라도 원인을 찾지 못하는 경우가 많은데, "신경성 신체질병의 증상"이라고 진단하고, 신체질병에 대한 치료처방과 함께 스트레스를 받지 말고 안정을 취하라는 심리처방도 함께한다. 이와 같이 신체의 문제로 인하여 심리에 문제가 발생하는 심리화현상과 심리의 문제로 인하여 신체에 문제가 발생하는 신체화현상은 신체와 심리가 하나로 결합되어 있기 때문에 발생하는 당연한 현상이다.

신체는 눈에 보이지만 마음은 보이지 않는다. 그래서 마음과 심리는 추상적이고 막연하게 느껴지지만 없는 것은 아니다. 사람들에게 "마음이 없다고 생각하는 사람은 손들어 보세요."라고 하면 대부분은 손을 들지 않는다. 즉 마음이 있다고 생각하는 것이다. 그러나 가끔은 몇몇 사람들이 손을 들기도 한다. 재미있게도 손을 든 사람들은 질문의 내용을 알고 생각한 후 그 대답에 대한 행동을 한 것이다. 결국은 질문에 대한 대답을 한 것이 바로 마음이 작용했다는 것이다. 그래서 "당신은 마음이 있는 것입니다. 당신이 생각할 때는 눈에 보이지 않기 때문에 없는 것처럼 보이지만 실제는 느껴지고 생각했기 때문입니다. 그래서 질문에 대하여 당신의 심리가 작용하면서 손을 들게 된 것입니다. 마음이 있다는 것을 스스로가 증명한 것입니다."라고 말한다. 또 한 가지는 "저는 마음이 없어요."라고 말하는 사람도 있다. 그런데 마음이 없다고 말하는 사람도 마음이 작용하여 존재하기 때문에 마음이 없다고 말하는 것이다.

결국은 마음이 없는 사람은 없다. 인간은 누구나 마음을 갖고 심리가 작용한다. 마음이 없는 것이 아니라 마음을 정확히 알 수 없었고 볼 수 없었기 때문에 마음이 없는 것처럼 생각되었던 것뿐이다.

1) 사람과 인간의 차이

사람(人, People)은 "두 발로 서서 다니고 언어와 도구를 사용하며, 문화를 향유하고 생각과 웃음을 가진 동물"이라고 사전에 정의하였고, 인간(人間, Human)은 "직립 보행을 하며, 사고와 언어 능력을 바탕으로 문명과 사회를 이루고 사는 고등 동물"이라고 사전에 정의하였다. 용어로 정의를 한 것을 보면 비슷한 말로 인식될 수 있다.

사람은 인간의 각각에 대한 독립적인 개념으로서 각 개인별 주체를 말한다. 이러한 사람과 사람이 서로 관계를 갖게 될 때 사람이라 하지 않고 인간이라고 한다. 즉 사람은 하나를 의미하고, 인간은 사람 간의 관계를 뜻하기 때문에 복수를 의미한다. 따라서 개별 주체인 사람이 모여서 서로 연관성을 갖게 될 때 인간이라고 하는 것이다.

우리가 보편적으로 말을 할 때 한 사람 한 사람이라고 표현하지 한 인간 한 인간이라고 하지 않는다. 사람이라는 말은 각 개별의 주체적 관점이고 각자 개인의 개별을 말한다. 그래서 사람들이라고 하면 그 사람들은 어떤 누군지는 중요하지 않고 한 사람 한 사람씩 총칭해서 사람들이라고 한다. 즉 객체적인 존재, 독립적인 존재로서의 개념을 가지는 것이 사람이고, 인간은 사람과 사람이 서로 소통하는 관계로서 상호 연관성을 가지는 관계가 될 때 사람과 사람을 인간이라고 한다. 그래서 인간(人間)을 人(사람 인)자에 間(사이 간)을 쓰는 것이다. 대부분의 사람들이 알고 있는 말이지만, 실체를 아는 사람은 없다. 주변 사람들 누구에게든 질문을 해 보라. "사람과 인간이 다른 점은 무엇인가?" 그러면 우물쭈물하면서 뭔가 알 것 같은데 대답을 못하거나, 인터넷이나 정보를 찾으면서 사전적 정의만을 대답하는 경우가 많다. 즉 생각으로는 알고 있는 것 같지만 실제는 생각해 본적이 없어서 모르는 것이다. 여러분이 확인을 해 보면 확연하게 알 수 있다.

우리는 상대방을 표현할 때 뭐라고 하는가? 어떤 경우에는 사람이라 하고, 어떤 경우에는 인간이라고 한다. 자신과는 관계가 없을 때는 사람이라고 하고, 이는 상대를 사람으로 존재하는 그 자체를 지칭할 때 표현한다. 반면 자신과 관계가 있을 때는 인간이라고 하고, 이는 상대를 나와 연관되는 존재로서 지칭할 때 표현한다. 나와 연관이 있는데도 상대를 사람이라고 지칭하는 것은 용어를 잘못 사용하는 것이다. 이와 같이 통상적으로 서로가 언어로 표현할 때 사람이라는 말을 쓰면 감정이 느껴지지 않는다. 그러나 인간이라는 표현은 나쁜 감정이든 좋은 감정이든 감정이 느껴진다. 그 원인은 인간은 관계성을 내포하기 때문이다.

결국 자신뿐만 아니라 배우자, 자식, 부모님, 가족, 친구, 지인,

선생님, 기타 모든 다른 사람들과의 관계는 사람과 사람이 연관되는 관계로서 인간이 되는 것이다. 부모님과의 관계를 살펴보면, 아버지도 어머니도 나도 모두가 인간이다. 이때 어머니는 한 사람으로서 존재하지만 함께 존재하면서 의미와 가치를 추구할 때는 한 인간으로서 존재한다. 그래서 나를 기준으로 볼 때 어머니로서 역할을 하지만 어머니도 한 사람이라는 것을 알아야 한다. 아버지도 나도 마찬가지로 한 사람으로 존재한다. 이와 같이 어머니라는 한 사람, 아버지라는 한 사람, 나라는 한 사람, 자식이라는 한 사람, 배우자라는 한 사람 등이 함께 연결되어 인간관계가 형성되면 가족관계가 형성된다. 이 가족관계에서는 또 다시 어머니와 아버지 또는 나와 배우자의 인간관계를 부부관계라고 하고, 어머니 아버지와 나와의 관계 또는 나와 아들과 딸의 관계를 부모자식관계라고 한다. 이처럼 모든 인간은 사람과 사람이 함께 연결되면서 특정한 상황, 환경, 목적에 의하여 인간관계를 형성하면서 살고 있다.

만일 무인도에서 혼자 살고 있다고 가정한다면, 그곳에는 인간은 없고 사람만 존재하고 있는 것이다. 무인도든 숲속이든 어디서든 상관없이 혼자 살고 있다면 이는 사람으로 살고 있는 것이지 인간으로서 사는 것이 아니다.

2) 마음과 심리의 차이

이처럼 우리가 흔히 사용하는 용어 중에도 인간의 심리와 연관되는 것이 매우 많음에도 불구하고 이를 정확히 알지 못한다. 사람은 누구나 몸과 마음으로 구성되어 있고 신체와 심리가 일체화되어 있다. 그래서 사람이든 인간이든 누구나 존중해야 하고, 존중받을 권리가 있다. 모두 똑같은 신체와 심리를 갖고 있기 때문이다. 신체는 보이지만 심리는 보이지 않는다. 그러나 마음과 심리가 보이지 않는다고 없는 것은 아니다. 나 자신뿐만 아니라 다른 모든 사람들도 마찬가지이다. 나도 사람이면서 인간이고, 다른 모든 사람들도 똑같은 사람이면서 인간이라는 사실을 알아야 한다.

여러분은 다른 사람들에게 "당신은 몸과 마음으로 구성되어 있는가? 몸과 마음으로 결합되어 있기 때문에 사람이고 인간이라는데 당신도 인간인 것을 보면 분명 몸과 마음으로 구성되어 있을 것이다."라고 말을 해 보라. 그러면 상대는 뭐라고 대답을 할까? "별 미친놈 다 보겠네."라는 반응이 나타날 수 있다. 당연한 것을 말이라고 했냐는 것이다. 그런데 중요한 것은 그렇게 당연한 것을 말했다면서 대수롭지 않게 생각하는 상대는 여러분이 말하기 전까지는 생각해 본 적이 없고 몰랐다는 것이다. 모르고 있었고 생각해 본 적도 없었고, 으레 당연하다고 생각했지만, 실제는 여러분이 말하지 전까지는 모르고 있었던 것이다. 그러나 이 말을 한 여러분은 사람과 인간은 다르다는 것, 인간은 몸과 마음으로 구성되어 있으며, 모든 인간은 동일하다는 것, 그래서 인간은 모두가 하나의 사람으로서 존중받아야 한다는 것에 대해서 알고 있지만, 대답을 한 상대는 그 이전까지는 모르고 있다는 것이다. 이처럼 당연한 것이라고 해서 당연히 아는 것이 아니다.

이와 같이 추상적인 생각과 개념이 바로 마음과 심리이다. 이렇듯 마음과 심리는 매우 다양하고 많지만, 추상적인 생각으로 당연한 것이라고 인식한 채 지나갈 뿐, 정확히 알고 있는 경우는 많지 않다. 그래서 인간의 마음과 심리를 알지 못했던 것이다.

만일, 펜으로 글을 쓴다고 가정해 보자. 글을 쓸 때 펜을 어떻게 잡고 쓰는지 구체적으로 설명하라고 하면 한참 동안을 생각해야 한다. 즉 자신도 모르게 쓰고는 있지만, 펜의 어느 부분을 어떻게 잡고 쓰는지, 펜을 몇 도의 각도로 잡는지, 글을 쓰는 자세는 어떤지… 많은 부분을 설명해야 하는데, 이를 정확히 알고 있는 사람은 없다. 즉 글을 쓰고 있는 자신은 알지 못한 채 그냥 글을 쓰고 있다는 것이다. 결국 아무런 이야기를 하지 않으면 분명 자신이 펜을 잡고 글을 쓰고는 있지만, 자세한 것은 알지 못한다는 것이다. 이때 설명을 해 보라는 질문을 하거나 자세히 설명한다면 그제야 알게 된다. 즉 알고 있다는 것은 매우 구체화되어 있는 것이고, 당연한 것인데 그냥 하고 있는 것은 모르는 것이다. 생각을 하지 않았기 때문이고, 생각도 없이 그냥 하고 있는 것이다. 이런 현상은 바로 무의식이 작용하면서 생각으로 자각하고 느끼지 못하기 때문이다.

이와 같은 현상은 심리의 작용에서 많이 발생한다. 따라서 실제 말과 행동과 표정으로 무엇인가 표현하고 있지만, 생각하지 않기 때문에 자신이 무엇을 어떻게 왜 했는지 잘 모르는 경우가 많다. 무의식이 작용하기 때문이다. 이 사소하고 작은 차이가 중요한 마음과 심리의 차이이다. 심리를 안다는 것은 다른 사람들이 전혀 알지 못한 채 하고 있는 것을 정확히 아는 것이다. 이를 분석하고 문제의 원인을 찾고 해결방법도 찾을 수 있다.

5
스트레스와 상처

1) 마음의 차이

남자와 여자는 인간으로서 마음을 갖고 있지만, 서로 다른 마음이다. 남자는 관념의 마음을 갖고 있고 여자는 감정의 마음을 갖고 있다. 남자는 감정보다는 관념이 우선이 되는 마음을 지니고 있다. 이는 사실과 현상에 대하여 감정을 배제한 채 자신의 가치관과 관념에 의한 판단과 결정을 하는 마음의 기준이다. 그래서 남자의 마음은 감정이 없다. 그때그때 다섯 개의 감각기관이 좋으면 좋은 기분을 느끼고, 스트레스를 받으면 나쁜 기분을 느낀다. 다만 현상과 사실에 대하여 흑백논리로 작용하면서 옳다 그르다, 맞다 틀리다를 기준으로 하여 좋은 기분이냐 나쁜 기분이냐를 판단한다. 이것이 남자의 마음이다.

남자는 감정의 마음이 아니라 가치와 관념의 마음이다. 그래서 관념과 가치관의 기준이 남자의 심리기준이고, 관념과 가치관을 가지는 생각과 의견의 기준이다. 그래서 의견과 미래의 명분이 중요하다. 남자가 명분에 죽고 사는 이유이다.
그러나 여자는 감정의 마음을 갖고 있다. 감정의 마음을 갖게 되다 보니 의견보다는 감정이 우선이다. 여자도 가치관과 관념이 있겠지만 중요하게 인식하지 않는다. 그래서 심리작용과 감정에 의한 심리기준을 갖고, 감정과 현실이 중요하다.
따라서 남자는 감각기관의 정보가 맞느냐 틀리느냐가 중요하다. 이는 현상과 사실이 중요하기 때문이다. 그래서 남자가 스트레스를 표현하는 것은 감정의 표현이 아니라 감각정보의 현상과 사실이 자신과는 맞지 않기 때문에 이를 벗어나려고 하는 표현일 뿐이다. 감정은 전혀 없다. 마치 심리표현이 감정을 표현하는 것처럼 보이는 것이다.
여자는 감각기관의 정보에 의하여 감정을 생성한다. 이때 생성된 감정을 매우 중요하게 인식한다. 감각정보의 맞고 틀린 것보다 감각정보에 의하여 발생하는 감정이 중요하다. 그래서 남자는 감각정보를 좋은 기분으로 느끼려고 노력하지만, 여자는 감각정보에 의한 감정을 좋은 감정으로 느끼려고 노력한다.
이로 인하여 남자는 감각정보에 예민하고 빠르게 반응한다. 남자는 현상과 사실에 빠르게 반응하는 반면 여자는 반응이 다소 느리다. 그래서 남자와 여자가 똑같은 현상과 사실에 의하여 똑같은 문제가 발생하더라도 남자와 여자가 생각하고 사고하면서 해석하는 것이 다르다. 남자는 현상과 사실을 근거로 맞고 틀린 것을 설명하지만, 여자는 좋고 나쁜 것을 설명한다. 남자는 의견기준이고 여자는 감정기준이다. 이는 커피 한 잔을 마셔도 느끼는 것이 다르다. 대부분 모든 것에서 남자와 여자는 다르게 해석한다.

남자와 여자의 관계에서 사이가 좋지 않을 경우에는 무조건 감정대립과 감정싸움이 발생할 수밖에 없다. 그리고 평상시에도 조금만 문제가 생겨도 싸울 수밖에 없다. 오로지 안 싸울 때는 눈에 콩깍지가 씌었을 때뿐이다. 즉 일시적인 심리장애의 상태에 있을 때만 싸움이 발생하지 않는다. 이와 같이 남자와 여자는 마음의 관점이 다르다.

자신과 상대의 마음과 심리의 원리를 알면, 싸움을 하더라도 이를 해결할 수 있다. 즉 남자는 스트레스에서 벗어나 열정을 생성할 수 있고, 여자는 상처를 치료할 수 있게 되면서 사랑을 생성할 수 있다. 그래서 마음과 심리를 아는 것이 중요하다. 특히 본능심리와 무의식을 정확하게 알아야 여자는 상처를 치료할 수 있고, 남자는 스트레스에서 벗어날 수 있는 길을 찾을 수 있다. 이는 자신과 상대의 심리를 정확히 이해하고 상대를 배려할 수 있을 때 충분히 가능하다. 따라서 <u>스스로</u> 인간의 심리를 이해할 수 있는 능력을 키워가는 것이 중요하다.

남자든 여자든, 자기 자신뿐만 아니라 주변 사람들에게 특정한 동일한 사건에 대해서 어떻게 기억하고, 어떻게 생각하는지를 분석해 보면 남자와 여자의 마음이 얼마나 다른지 알 수 있다.

2) 마음의 상처

사람들은 심리의 상처에 대한 개념을 정확히 알지 못하고 있다. 상처에 대한 개념을 알지 못하기 때문에 심리문제, 심리장애, 고민과 갈등, 인간관계의 문제 등에 의하여 불행하게 살게 된다. 자신의 마음과 심리를 정확히 알지 못할 뿐만 아니라 상대의 마음과 심리도 알지 못하게 되는 원인이다.

심리의 상처는 "정신적 또는 심리적으로 아픔을 받은 자취"라고 정의하고 있다. 그래서 사람들은 생각으로 아픔을 느낄 때, 아픔을 표현할 때만 상처로 인식한다. 즉, 보고 듣고 느껴지는 마음의 아픔을 상처라고 생각하고 인식한다. 이렇듯이 인터넷의 상식, 전문가의 도서, 심리이론, 기타 다양한 정보에 의하여 알고 있는 상처는 잘못되고 왜곡된 생각이 작용하면서 인간의 마음과 심리를 이해할 수 없도록 한다.

상처는 "과거의 아픔에 대한 기억과 생각"이라고 알고 있기 때문에 특별하게 기억되고 생각되는 상처가 없으면 마치 자신에게는 상처가 없다고 단정적으로 생각한다. 상처는 인식하고 자각하는 것만 존재하는 것이 아니다. 자각과 생각이 되지 않고 느껴지지 않지만 무의식에서 계속 작용되는 상처가 많다는 것을 알아야 한다. 이 보이지 않고 자각되지 않는 상처가 작용하면서 불행한 인생, 뜻하지 않은 문제, 실패 등이 반복된다.

작은 스트레스도 나쁜 감정이고, 트라우마(Trauma)도 나쁜 감정이다. 이러한 크고 작은 나쁜 감정이 기억되면 이를 상처라고 하는데, 기억된 나쁜 감정이 생각으로 자각되면 고통과 아픔을 느끼면서 상처라는 것을 알지만, 기억되어 있지만 생각으로 자각되지 않으면 무의식으로 작용하면서 고통과 아픔이 자각되지 않은 채 계속 작용한다. 그래서 인간은 기억되어 있고 생각으로 자각되지 않으면 마치 상처가 없는 것으로 느껴지지만, 상처가 무의식에 의하여 계속 작용하면서 심리문제, 심리장애, 고민과 갈등, 인간관계의 문제, 쾌락 등으로 나타난다.

그렇다면 상처는 왜 발생하는지 알아야 한다. 상처는 스트레스로 인하여 발생하는 것으로서 스트레스도 상처라고 보아야 한다. 작은 스트레스부터 큰 스트레스까지 모두 상처라고 할 수 있다. 특히 상처가 되는 스트레스는 이해가 되지 않을 때 발생한다. 태어나서 현재까지 보고 듣고 알았던 모든 현상과 사실의 경험에 대하여 정확하게 이해된 것은 얼마나 될까? 생각해 보기 바란다.

이해가 되지 않으면 상처가 생긴다. 그렇다면, 상처에 대한 이해는 무엇인가? 바로 실체를 정확하게 아는 것이다. 결국 인간관계에서의 모든 상처는 인간관계에서 발생하는 모든 것을 정확히 알지 못하면서 이해되지 않기 때문에 발생한다. 즉 인간의 마음을 정확히 알지 못하면 상처가 되고, 인간의 마음을 정확히 알면 이해되면서 상처가 생기지 않을 뿐만 아니라 관련된 상처가 치료된다. 태어나서 현재까지 받아온 사소한 상처들이 계속 누적되고 작용하면서 형성된 것이 마음이며, 의식과 무의식이 작용한 결과이다. 이때 기억하고 생각하여 자각되는 상처는 의식이고, 기억되지 못하고 생각하지 못하는 상처는 무의식이다.

따라서 의식의 상처는 느껴지지만 무의식의 상처는 느껴지지 않은 채 계속 작용한다. 그러면 태어나서 여러분의 나이가 될 때까지 얼마나 많은 상처가 있을까? 헤아릴 수도 없고, 생각하지 못하는 것이 90%가 넘는다고 할 수 있다. 결국은 생애 동안 형성된 상처들이 무의식으로 계속 작용하면서 현재의 마음을 형성하고 있다는 것을 알 수 있다. 그래서 보이지 않는 무의식의 상처가 작용하는 것을 생각해야 한다.

여러분에게 심리문제 또는 심리장애, 고민과 갈등, 인간관계의 갈등, 기타 모든 심리의 어려움과 고통과 답답함 등의 문제가 발생하였다는 것은 생애 동안 누적된 상처들이 무의식으로 계속 작용하고 있다는 것이다. 또한 자신의 뜻대로 잘되지 않거나, 실패를 반복하게 되거나, 어려움이 반복되고 아픔이 반복되는 원인도 결국은 무의식으로 상처가 계속 작용하기 때문이다. 쾌락과 즐거움을 추구하면서 살아가는 것, 좋은 것만 하려고 하는 것, 자신의 행복만 추구하려는 것 등도 모두 무의식의 상처가 작용하면서 자신도 모르게 말과 행동과 표정으로 표현하는 것이다.

여러분은 보이고 느끼는 상처만 생각하지 말라. 여러분의 마음에 있는 상처들 중에 보이고 느끼는 상처는 불과 10%도 채 되지 않는다. 90% 이상의 상처는 느껴지지도 않고 기억되지도 않은 채 무의식으로 작용하고 있다. 이렇게 의식의 상처이든, 무의식의 상처이든 치료하는 것이 결국은 행복한 인생을 살아갈 수 있는 기초가 될 것이고, 심리장애를 치료하는 것이며, 고민과 갈등을 해결하는 것이다. 이를 위하여 인간의 심리를 정확히 아는 것이 중요하다. 인간의 심리를 정확히 알게 되면 의식의 상처이든 무의식의 상처이든 모두 치료되기 때문이다.

사소한 스트레스와 상처라 할지라도 그냥 넘기지 말아야 한다. 스트레스와 상처를 치료함으로써 예방하든 치료하든 해야만 한다. 그러면 행복한 인생, 원하는 것을 모두 이룰 수 있는 마음이 만들어진다. 이것이 스트레스와 상처의 예방이고 치료이다.

따라서 인간의 심리를 정확히 아는 것, 이는 마음을 만드는 본능심리의 작용원리, 본능심리에 의하여 무의식이 작용하는 원리, 무의식과 의식의 작용원리 등을 알아야 한다. 이러한 작용원리를 알게 되면 인간의 마음을 알게 되면서 상처에 대한 예방과 함께 기존의 상처가 치료된다. 이러한 작용원리를 알지 못한다면, 아무리 많은 심리공부를 하더라도 인간의 심리를 정확히 아는 것은 불가능하다.

3) 상처와 행복의 공존

인간의 심리는 상처와 행복이 공존하여 함께 존재하고 있다. 그래서 인간심리를 학습하거나 심리교육을 비롯하여 다양한 심리교육의 과정에서 "인간의 삶에서는 상처와 행복이 함께 존재하고 있어서 상처가 있기 때문에 행복을 만들 수 있는 것이고, 상처가 없으면 행복도 없다. 그래서 편안함은 행복도 없고 상처도 없는 상태를 말하고, 불행을 예고한다."라고 말한다. 여러분은 무슨 말인지 쉽게 이해되지 않고 동의하기 어려울 수 있다.

신은 인간에게 "자신이 극복할 만큼의 고난을 주는 것"이 바로 이 원리와 같다. 자신의 상처는 자신이 극복할 수 있을 만큼이고, 이를 치료하게 되었을 때 그만큼의 행복을 누릴 수 있도록 만들어져 있기 때문이다.

인간의 심리는 양면성을 갖고 있다. 그래서 상처의 크기만큼 행복의 크기가 같이 존재하고, 행복의 크기만큼 상처의 크기도 함께 존재한다. 그래서 분노를 할 때, 증오심의 크기만큼 사랑의 크기도 같이 존재하고, 싸움을 할 때 나쁜 감정의 크기만큼 상대에 대한 관심의 크기도 같이 존재한다. 이와 같이 심리에서는 의식과 무의식 그리고 본능심리에서는 서로 상반된 심리가 작용하는 것을 우리는 모르고 있기 때문에 현재 느껴지는 감정만 중요하게 인식하는 것이다.

심리를 치료할 때 많이 사용하는 방법이 양면성의 의식과 무의식의 심리를 적용하는 것이다. 상처의 감정에 대해서는 이면에 있는 행복의 감정을 끌어내고, 신체의 문제는 심리안정을 통하여 치료하는 기법을 사용하며, 심리의 문제는 신체의 감각을 통하여 치료하는 기법을 사용한다. 또한 감정싸움을 할 때는 이면에 있는 관심도를 끌어낸다. 이런 방식을 사용하면 빠르고 쉽게 문제해결이 된다는 것을, 그동안 다양한 심리장애에 대한 심리치료를 통하여 확인하였고 검증했다.

상처는 마음이 어렵고 답답하다. 어떤 경우에는 아프고 힘들고 고통스럽다. 남자는 상처의 감정을 기억하지 않기 때문에 상처의 감정을 느끼지 못한다. 이는 정상적인 남자라면 누구나 다 똑같다. 본능심리의 방어기준에 의하여 상처의 감정을 기억하지 못하도록 하였기 때문이다. 이를 모르기 때문에 여자는 남자가 상처의 감정을 기억하지 못하여 또 다른 상처를 입고, 남자를 불신하게 된다. 그러나 남자는 상처의 감정을 기억하지 않는 대신에 현재의 행복을 느끼지 못하고 존재하지 않고 느낄 수 없는 미래행복만을 추구하면서 죽는 날까지 살아간다. 그래서 남자는 현재의 어려움보다는 미래의 행복에 대한 희망이 더 중요하다.

여자는 상처의 감정을 잘 기억하기 때문에 잔소리, 아픔, 우울함, 답답함 등을 잘 느낀다. 이는 정상적인 여자라면 누구나 다 똑같다. 본능심리의 방어기준이 상처의 감정을 잘 기억하도록 하기 때문이다. 이를 모르는 남자는 여자가 상처의 감정을 잘 기억하는 것 때문에 스트레스를 받고, 회피하려고 하고, 다른 즐거움을 찾으려고 한다. 그러나 여자는 상처의 감정을 잘 기억하기 때문에 현재의 행복을 중요하게 생각하고, 실체가 없는 미래행복은 현재의 행복이 없으면 불가능하다고 말한다. 그래서 여자는 과거의 상처를 기억하고, 현재의 행복을 찾고자 노력한다. 미래의 행복보다는 현재의 행복을 생각한다.

남자와 여자의 본능심리가 전혀 다른 것은 바로 행복하게 살기 위하여 서로 함께할 수밖에 없도록 만든 신의 심리장치이다. 그래서 본능심리는 신의 영역이라 할 수 있다. 인간의 의식과 무의식으로는 이해하지 못하는 심리의 원천이고, 마음의 원천이기 때문이다. 상처와 행복이 함께 공존하여 존재하고 있으니, 상처를 아파하고 힘들어 하는 것에 집중하지 말고, 이 상처를 치료하면 상처의 크기만큼 행복의 크기를 느끼게 되면서 현실의 행복을 갖게 된다는 것을 알아야 한다. 즉, 상처를 치료하면 즉시 현실의 행복으로 전환된다.

심리치료의 원리도 이와 마찬가지이다. 인간의 본능심리가 마음의 의식과 무의식에 어떠한 영향을 미치는지 원리를 알면, 자연스럽게 상처가 치료되면서 행복의 감정을 만든다. 심리안정과 함께 심리의 에너지에 의하여 신체의 문제도 함께 치료되는 효과를 가진다.

마음과 심리의 원리를 아는 것만으로 상처가 치료된다고 하면 많은 사람들이 불가능하다고 생각한다. 의식과 무의식으로는 이해할 수 없기 때문이다. 분명한 것은 오랫동안 마음과 심리의 원리를 알려주는 것만으로 심리장애를 치료한 분들은 그 효과를 정확히 알고 있고, 매우 놀라운 반응을 보인다는 사실이다. 이와 같이 직접 경험하지 않은 분이나, 상처를 치료하지 않은 분들이 의심하는 것이 당연하다.

무엇이든 선택은 본인이 하는 것이다. 현명한 사람은 마음과 심리의 원리를 알려고 한다. 자신의 행복한 인생이 갈림길에 있으며, 어떤 선택을 하느냐에 따라서 미래가 달라진다. 마음과 심리의 작용원리를 알면 상처는 치료되고, 행복한 마음으로 전환된다는 사실을 꼭 기억하기 바란다.

4) 스트레스와 행복

사랑과 열정은 스트레스에서 발생한다. 스트레스는 나쁜 기분이지만, 여자는 상처와 행복에 연관되고, 남자는 열정에 연관된다. 그래서 여자는 스트레스가 쌓여서 상처의 감정으로 발전되고, 이를 치료하여 사랑과 행복을 만든다. 또한 남자는 스트레스를 즐기는 힘이 작용할 때 열정이 발생한다. 따라서 여자의 사랑과 남자의 열정은 스트레스에서 발생된다고 할 수 있다. 스트레스가 기억되면 상처가 된다. 그래서 여자의 사랑은 상처의 나쁜 감정을 기억하고 이를 치료해서 무감정 또는 좋은 감정으로 전환하면서 행복한 감정이 만들어질 때 생성된다. 이 사랑의 감정이 형성되면 여자는 현재행복을 느낀다. 상처는 현재행복을 만드는 원동력이 되는 것이다. 스트레스와 상처를 치료하고 사랑을 만드는 것은 여자의 본능심리가 작용하기 때문이다.

남자는 스트레스의 나쁜 기분을 극복하고 즐거움을 갖게 될 때 열정이 만들어진다. 즉 남자에게 열정은 스트레스를 즐기는 힘이라 할 수 있다. 스트레스를 즐기는 힘이 생기면 열정의 에너지와 함께 미래행복을 추구하게 된다. 결국 남자는 현재의 스트레스를 부정기분으로만 인식하고 거부를 하느냐, 부정기분을 즐기면서 열정을 갖느냐에 따라서 미래행복을 추구하는 원동력이 결정된다. 따라서 남자의 미래행복은 현재의 스트레스를 처리하는 능력에서 결정된다. 이처럼 남자는 스트레스를 즐기는 힘이 열정이고, 여자는 상처를 치료하는 힘이 사랑이다. 이에 따라 여자의 상처는 사랑을 만들고, 남자의 스트레스는 열정을 만드는 원천이 되는 것이다.

예를 들면 석탄을 비교할 수 있다. 석탄 자체는 지저분하지만 불을 지피면 강한 에너지의 원료가 된다. 이처럼 석탄과 같은 것이 스트레스 또는 상처가 되는 것이라 보면 된다.

편안함의 행복을 느낀다는 말이 있다. 이는 사실 행복이 아니다.

편안한 상태는 상처와 스트레스가 없는 상태로서 열정도 없고 사랑도 없는 상태이다. 또한 희로애락의 감정이 없는 상태이기 때문에 행복이 없는 상태가 편안한 상태이다. 따라서 편안해지면 아무 감정도 없다.

다른 사람들이 하는 충고와 조언을 스트레스로 받아들일 것인지, 긍정적으로 받아들일 것인지에 따라서 자신에게 사랑 또는 열정으로 전환할 수도 있다. 따라서 좋은 것과 좋지 않은 것은 자신의 심리에 의하여 결정되는 것이지 외부에서 만들어지는 것이 아니라는 것을 알 수 있다.

외부의 어떠한 나쁜 현상에 대해서도 긍정적으로 받아들일 것인가, 부정적으로 받아들일 것인가에 따라서 자신에게 스트레스와 상처가 되느냐 자신의 열정 또는 사랑의 에너지가 되느냐로 결정된다. 상대가 하는 잔소리, 상대가 내는 화, 상대가 하는 충고와 조언 등이 중요한 것이 아니라 자신이 이를 어떻게 받아들이고 있느냐가 중요하다.

5) 좋은 감정 만들기

 남자 또는 여자에게 좋은 감정을 만들어서 자존감과 자신감을 상승하는 방법으로 남자와 여자의 구별 없이 인간이면 누구에게나 적용할 수 있다. 먼저 자신이 좋은 감정을 갖고자 할 때는 자신의 장점 또는 자신은 인식하지 못하고 다른 사람들이 인식하는 장점인 매력을 다른 사람들과 비교하면서 상대의 반응을 분석하면 심리적 우위를 가지는 현상에 의하여 자신에게 무조건 좋은 감정이 만들어진다. 이렇게 좋은 감정이 발생하면 자존감과 자신감이 상승되면서 우울감 또는 불안감을 제거하는 효과를 가진다.

 이 원리는 자기중심의 심리작용을 하면 자신에게는 좋은 감정이 발생하면서 장점이 되고, 상대에게는 나쁜 감정이 발생하면서 단점이 된다. 자기중심적인 생각, 자기과시, 독단적인 심리, 자기감정 우선의 현상이 발생하는 것과 동일하다. 이는 상대가 의식과 생각으로 인식하는 것과는 상관이 없으며, 상대의 반응을 참고하게 되는 심리작용이며 그 결과로 자신에게는 좋은 감정이 발생하는 것이다.

 두 번째는 배우자 또는 자식, 기타 인물 등과 같은 특정한 상대에 대한 좋은 감정을 만드는 방법이다. 특정 상대의 장점 또는 특정 상대는 인식하지 못하지만 모든 사람들이 인식하는 특정 상대의 장점인 매력을 다른 사람들과 비교하면서 특정 상대의 반응을 분석하면, 특정 상대에 대하여 좋은 감정이 발생한다. 이렇게 특정 상대에 대하여 좋은 감정이 발생하면 특정 상대와의 관계에서 나쁜 감정 또는 상처가 치료되면서 자존감과 자신감이 상승되고 우울감과 불안감을 제거하는 효과를 가진다.

이와 같이 자신의 장점 또는 매력을 상대 또는 다른 사람들과 비교하면 자신에게 무조건 좋은 감정이 발생하고, 특정 상대의 장점 또는 매력을 다른 사람들과 비교하면 특정 상대에 대하여 무조건 좋은 감정이 발생한다. 그래서 인간은 긍정적으로 생각하도록 이야기하는 것이다. 자신뿐만 아니라 상대에 대해서도 긍정적인 생각을 하면 자신에게 좋은 감정이 발생하고, 상대에 대해서도 좋은 감정이 발생하기 때문이다.

인간의 본능심리는 자아본능의 행복본능이기 때문에 좋은 감정의 발생과 작용을 원하고 있고, 나쁜 감정을 없애려는 본능심리에 의하여 무의식이 지속적으로 작용한다. 이로 인하여 인간관계의 희로애락(喜怒哀樂), 행복과 불행, 상처와 사랑 등이 발생하게 되고 이 모든 것은 결국 좋은 감정과 나쁜 감정이 작용하기 때문이라는 것을 알아야 한다. 이때 좋은 감정은 인간관계에서 사랑과 행복을 만들고, 나쁜 감정은 상처와 불행을 만든다.

여자가 자존감과 자신감이 떨어지거나 사라지게 되면 상대에 대한 의존성과 방어가 강화되어 나쁜 감정을 유발하게 된다. 이로 인해 심리장애가 발생하면서 우울증 또는 불안감과 함께 상처와 불행을 인식하면서 심리적 어려움을 겪게 된다. 따라서 여자의 우울증과 불안증 등의 심리장애를 치료하기 위하여 제일 우선으로 해야 할 것은 여자의 자존감과 자신감을 회복하는 것이다. 결국 자존감과 자신감을 회복하고 상승하도록 하는 것은 여자의 심리장애를 치료하는 기본이라 할 수 있다.

자기 기준의 좋은 감정은 자기기준의 장점과 자신도 인식하지 못하는 매력을 인식하면서 발생하고 이를 모두 인식할 수 있는 것은 상대의 긍정적인 반응이다. 이 좋은 감정의 반응은 상대와의 비교분석을 통하여 다른 여자와의 경쟁우위와 함께 좋은 감정을 더욱 증폭하게 되는데 이때 자존감과 자신감이 상승된다. 즉, 자존감과 자신감은 의식으로 자각되어 인지되는 좋은 감정이다.

다만 상대와 심리작용을 할 때 자기중심으로 치우쳐진 심리작용은 자신에게는 장점으로 인식되어 좋은 감정이 발생하지만 상대에게는 단점으로 인식되어 나쁜 감정이 만들어진다. 이는 자기 과시, 자기 독단, 자기 감정우선 등으로 인하여 심리작용의 의미가 없어지고 인간관계가 파괴되면서 이해와 배려, 사랑을 할 수 없게 되면서 상대의 좋은 감정과는 상관없게 된다. 다만 상대의 반응을 참고만 할 뿐이고 자신만을 위한 심리작용의 결과를 가지는 것이 좋다.

따라서 자기 자신만의 좋은 감정을 가지는 것은 오히려 자만심으로 작용하기 때문에 자존감과 자신감도 너무 높지 않도록, 좋은 감정이 너무 많지도 적지도 않도록 자기심리를 조절할 수 있어야 한다.

 결국 긍정감정은 자신의 심리에 의하여 발생하는 것, 다른 사람들과의 비교우위에서 인식되는 것, 상대가 좋은 감정의 반응에 의하여 발생하는 것 등 세 가지로 구분할 수 있다. 이 세 가지의 좋은 감정은 자신의 자존감과 자신감을 상승시키는 효과를 갖게 된다.

 따라서 심리에 의하여 자기 자신이 좋은 감정을 발생할 수 있도록 하고, 자신의 매력과 장점을 다른 상대들과 비교했을 때 우위에 있다는 것을 느끼도록 만들고, 상대가 좋은 감정을 가질 수 있도록 한다면 좋은 감정은 어렵지 않게 만들 수 있다.

6) 나쁜 감정 만들기

 많은 사람들이 자기중심으로 살면서 상대를 탓하면서 나쁜 감정을 갖게 되거나, 자존감과 자신감을 없애면서 의존성이 강화되는 원인인 나쁜 감정을 갖게 되는 경우에 "심리의 나쁜 감정"을 유발하는 심리작용을 한다. 이 심리작용은 남자와 여자의 구별 없이 인간이면 누구에게나 적용된다.

 먼저 나쁜 감정은 자신의 단점 또는 자신은 인식하지 못하지만 타인이 인식하는 단점인 콤플렉스를 타인과 비교하고 상대의 반응을 분석하면서 심리적 열등감을 가지는 현상에 의하여 발생한다. 이렇게 나쁜 감정이 발생하면 자존감과 자신감이 하락하면서 우울감이나 불안감을 갖게 된다.

이 원리는 상대중심의 심리작용을 하면 자신에게는 나쁜 감정이 발생하면서 단점이 되고, 상대에게는 좋은 감정이 발생하여 장점이 되면서 상대중심적인 생각, 의존성 강화, 심리억압과 강박, 상대감정 우선의 현상이 발생하는 것과 동일하다. 이는 상대의 의식과 생각으로 인식하는 것과는 상관이 없으며, 상대의 반응을 참고하게 되는 심리작용이며 그 결과로 나쁜 감정이 발생하는 것이다.

두 번째는 배우자 또는 자식, 기타 인물 등 특정 상대에 대한 나쁜 감정이 발생하는 것이다. 특정 상대의 단점 또는 특정 상대는 인식하지 못하지만 모든 사람들이 인식하는 특정 상대의 단점인 콤플렉스를 다른 사람들과 비교하면서 특정 상대의 반응을 분석하면, 특정 상대에 대한 나쁜 감정이 발생한다. 이렇게 특정 상대에 대한 나쁜 감정이 발생하면 특정 상대와의 관계에서 나쁜 감정을 갖게 되면서 자존감과 자신감이 하락하면서 우울감 또는 불안감을 갖게 된다.

이와 같이 자신의 단점 또는 콤플렉스를 상대 또는 다른 사람들과 비교하면 자신에게 무조건 나쁜 감정이 발생하고, 특정 상대의 단점 또는 콤플렉스를 다른 사람들과 비교하면 특정 상대에 대하여 무조건 나쁜 감정이 발생한다. 그래서 인간은 부정적으로 생각하면 할수록 나쁜 감정이 계속 발생한다. 자신뿐만 아니라 상대에 대해서도 부정적인 생각을 하면 자신에게 나쁜 감정이 발생하고, 상대에 대해서도 나쁜 감정이 발생한다.

　자기 기준의 나쁜 감정은 자기기준의 단점과 자신도 인식하지 못하는 콤플렉스를 심리가 인식할 때 발생하고 이를 모두 인식할 수 있는 것은 상대의 나쁜 감정의 반응이다. 이 나쁜 감정의 반응은 다른 여자들과의 비교분석을 통하여 다른 여자와의 경쟁우위에서 떨어지게 되면 나쁜 감정을 더욱 증폭하게 되는데 이때 자존감과 자신감이 하락한다. 즉 자존감과 자신감의 하락은 의식에 의하여 느껴지는 나쁜 감정이다. 다만 상대와 심리작용을 할 때 상대중심으로 치우쳐진 심리작용은 자신에게는 단점으로 인식되어 나쁜 감정이 발생하지만 상대에게는 장점으로 인식되어 좋은 감정이 만들어진다. 이는 자기비하, 자책과 자괴감, 상대 감정우선 등으로 인하여 심리작용이 의미가 없어지고 인간관계에 문제가 발생하면서 이해와 배려가 아닌 희생만 하는 등 자신의 좋은 감정과는 상관없게 된다. 이때 상대의 반응에 직접적인 영향을 받는 심리작용의 결과를 가진다. 따라서 상대만의 좋은 감정을 가지는 것은 오히려 자신에게는 자괴감, 자책감, 열등감으로 작용하기 때문에 자존감과 자신감도 너무 낮아지지 않도록, 나쁜 감정이 너무 많지도 적지도 않도록 자기 심리를 조절할 수 있어야 한다.

　결국 나쁜 감정은 자신의 심리에 의하여 발생하는 것, 다른 상대들과의 비교우위에서 인식되는 것, 상대가 나쁜 감정의 반응에 의하여 발생하는 것 등 세 가지로 구분할 수 있다. 이 세 가지의 나쁜 감정은 자신의 자존감과 자신감을 하락시키는 효과를 갖게 된다.

따라서 심리에 의하여 자기 자신이 나쁜 감정이 발생하는 것을 분석해야 하고, 자신의 콤플렉스와 단점을 다른 사람들과 비교했을 때의 열등감을 분석해야 하며, 상대가 나쁜 감정을 가지는 원인을 분석하는 것을 정확히 아는 것이 우선이다. 이 분석된 정보를 바탕으로 좋은 감정을 가질 수 있도록 무엇을 어떻게 변화할 것인지를 결정하고 변화에 대한 의지를 가지고 지속적으로 노력해야 한다.